CADERNO DE LITERATURA
Um percurso de formação em literatura na Educação do Campo

Ana Laura dos Reis Corrêa
Bernard Herman Hess
Daniele dos Santos Rosa
(Organização)

CADERNO DE LITERATURA
Um percurso de formação em literatura na Educação do Campo

1ª edição
Expressão Popular
São Paulo – 2019

Coordenação Editorial: *Ana Laura dos Reis Corrêa, Bernard Herman Hess e Daniele dos Santos Rosa.*
Diagramação e capa: *Zap Design*
Revisão: *Nilton Viana, Dulcineia Pavan, Cecília Luedemann*
Grupo de Pesquisa: *Literatura e modernidade periférica. Departamento de Teoria Literária e Literaturas – UnB*

Dados Internacionais de Catalogação-na-Publicação (CIP)

C122 Caderno de literatura: um percurso de formação em literatura na educação do campo./ Ana Laura dos Reis Corrêa, Bernard Herman Hess, Daniele dos Santos Rosa (Organização).--1.ed.— São Paulo : Expressão Popular, 2019.
175 p.

Indexado em GeoDados - http://www.geodados.uem.br.
ISBN 978-85-7743-364-3

1. Literatura – Ensino - Campo. 2. Literatura – Formação – Campo. 3. Literatura - Educação no campo. I. Corrêa, Ana Laura dos Reis, Org. II. Hess, Bernard Herman, Org. III. Rosa, Daniele dos Santos, Org.IV. Título.

CDU 869.0(81).09:37.02
Bibliotecária: Eliane M. S. Jovanovich CRB 9/1250

1ª edição: agosto de 2019

EXPRESSÃO POPULAR
Rua Abolição, 201 – Bela Vista
CEP 01319-010 – São Paulo – SP
Tel: (11) 3112-0941 / 3105-9500
livraria@expressaopopular.com.br
www.expressaopopular.com.br
ed.expressaopopular
editoraexpressaopopular

Sumário

APRESENTAÇÃO

Ana Laura dos Reis Corrêa
Bernard Herman Hess
Daniele dos Santos Rosa

> O objeto de arte – como qualquer outro produto – cria um público capaz de apreciar a arte e de sentir prazer com a beleza. A produção, por conseguinte, produz não somente um objeto para o sujeito, mas também um sujeito para o objeto.
> *(Marx, 2011, p. 47)*

Este livro foi escrito para professores das escolas do campo que atuam na área de Linguagens, em especial com o ensino de literatura, na Educação Básica, e, primordialmente, no Ensino Médio, quando o conteúdo de Literatura Brasileira é trabalhado com maior profundidade e detalhamento.

Esta obra foi escrita por educandos e educadores da área de Linguagens da primeira turma do curso de graduação em Licenciatura em Educação do Campo (UnB – Iterra), Turma Patativa do Assaré, os quais, durante quatro etapas do curso, trabalharam coletivamente na sua produção. A finalidade é apoiar o professor da área de Linguagens, no que diz respeito ao componente de Literatura Brasileira, na construção crítica e reflexiva de seu Plano de Aula no dia a dia da escola do campo, na tentativa de reforçar uma práxis docente ligada à vida, e não alienada dela, com o intuito de que se possa articular o conhecimento literário – que não pode ser negado ao estudante – à emancipação de sua consciência em relação à realidade contraditória e complexa em que está inserido.

A iniciativa de se produzir coletivamente este texto durante o processo formativo da turma Patativa do Assaré se deveu, primeiramente, ao fato de que a experiência docente, tanto em estágio quanto na docência regular, evidenciou aos estudantes as dificuldades de se trabalhar a Literatura Brasileira na sala de aula de forma crítica e ligada à vida profunda do aluno, do educador e da comunidade da qual a escola é parte essencial. Em segundo lugar, porque se mostrou ser necessário, durante o curso, sistematizar os conteúdos problematizados ao longo das etapas da área de habilitação em Linguagens e abordados nos estágios, pesquisas e monografias realizadas pelos educandos do curso.

Esta obra trata essencialmente de literatura e, por isso, de um patrimônio cultural do povo brasileiro, de um conjunto de produções artísticas que trazem dentro delas a história de sua própria formação como Literatura Brasileira, que está organicamente misturada à história do país e do povo. Ao tratar de literatura, este texto trata da vida e, especialmente, das contradições que devem ser enfrentadas para que a vida não se reduza a natureza morta. É importante ressaltar que ele apresenta uma discussão da literatura baseada em uma tradição crítica específica, a da crítica literária dialética. No Brasil, essa abordagem veio sendo construída gradativamente por vários críticos que, ao longo dos anos, se dedicaram a compreender a nossa literatura. A partir do trabalho desses críticos, foi possível a construção de uma tradição que encontrou expressão consistente e coesa na produção crítica do professor Antonio Candido, cuja obra, que se articula à de tantos outros críticos literários brasileiros e estrangeiros, é a base formativa principal dos educandos e educadores que produziram este texto. Nas questões referentes aos problemas estéticos fundamentais da literatura, buscou-se apoio na perspectiva do crítico marxista György Lukács.

Este livro é dividido em três partes. Na Parte 1 – Literatura e vida social –, apresentam-se questões que surgiram durante o percurso formativo da turma, todas elas relativas à literatura como produção cultural e artística inserida, de forma contraditória, rica e complexa, na história da produção humana. Na Parte 2 – Literatura, terra e projeto de nação –, os tópicos apresentados discutem conceitos e problemas que dizem respeito, em especial, à formação e à consolidação do sistema literário brasileiro. Na Parte III – Análises literárias –, estão reunidos cinco textos que analisam diferentes obras da literatura brasileira. O primeiro, escrito pelo professor Alexandre Pilati, é sobre o poema "Morte do leiteiro", de Carlos Drummond de Andrade. Os demais são todos de egressos da Turma Patativa do Assaré: "A paisagem na obra de João Cabral de Melo Neto", de Maria Aparecida Fonte Gomes; "Personagem narrador letrado e personagem iletrado, em *A hora da estrela*, de Clarice Lispector", de Marivani da Silva Martins Adler; "Paisagem poética e realismo em *Vidas secas*", de Paulo Cesar da Costa, e "Trabalho: a forma estética da poesia orideana", de Tiago Andrea Sottilli.

Na certeza de que a produção literária produz, como afirma Marx, não apenas livros para leitores, mas, sobretudo, sujeitos humanos para uma vida verdadeiramente humana, apresentamos este *Caderno de literatura* como fruto de um percurso de formação em literatura na Educação do Campo.

PARTE I

LITERATURA E VIDA SOCIAL

Ana Laura dos Reis Corrêa
Bernard Hermam Hess
Deane Maria Fonsêca de Castro e Costa
Maria Aparecida Fonte Gomes
Marivani da Silva Martins Adler
Paulo Cesar da Costa
Tiago Andrea Sottilli

O que é literatura?

Em sentido amplo, a literatura está presente na vida de todos nós, tanto nos devaneios cotidianos quanto nas formas mais espontâneas de expressão cultural, como o folclore, as narrativas orais etc. Em sentido estrito, a literatura é uma forma artística produzida historicamente para expressar, pelo trabalho estético com as palavras, os sentimentos e as ações humanas. No texto literário, portanto, o leitor pode ver, ao mesmo tempo, a si mesmo, refletido nas atitudes e nos sentimentos de um personagem de um romance, e a sociedade, configurada nas ações dos personagens desse mesmo romance. Dessa forma, o leitor pode perceber que o seu destino individual está ligado ao destino social de todos os homens; que a sociedade não é uma entidade abstrata, separada e oposta a ele, mas que, ao contrário, ele faz parte dela, e é a partir das relações entre os seres humanos agindo no mundo que a vida social se compõe e se constrói historicamente. Sendo assim, é possível entender a literatura como reflexo artístico da realidade histórica e social. Isso não significa de forma alguma que a literatura seja uma mera cópia mecânica, estanque, fotográfica ou documental da realidade imediata, pois, se assim fosse, o leitor não poderia obter, por meio dela, nada de novo em termos de visão de mundo. Se a literatura não fizer mais do que expor aquilo que já se sabe da vida, qual seria a necessidade humana da arte? A arte é necessária porque nos faz entrar em contato com a totalidade da vida, tanto sua aparência (os fenômenos imediatos da vida cotidiana), quanto sua essência (as forças motrizes da história que atuam na profundidade da vida social). Se na vida cotidiana nem sempre podemos reconhecer o sentido dos fenômenos que vivemos, na literatura podemos perceber como tais fenômenos estão efetivamente conectados a contradições sociais e históricas. Para tanto, a literatura precisa criar um mundo próprio, afastando-se da realidade imediata, para assim voltar a ela ao refleti-la de forma correta, isto é, revelando a totalidade da vida, a unidade entre aparência e essência, entre o nosso dia a dia e as forças históricas contraditórias que nele atuam. Logo, ela é também uma forma artística que produz o autoconhecimento do homem como parte da humanidade, levando a um questionamento do mundo, pois o leitor, ao vivenciar, no mundo próprio da arte, a relação entre essência e aparência, volta para seu cotidiano mais consciente de sua inteira realidade. Assim, a literatura é uma crítica da vida e, simultaneamente, uma forma de descobrir o núcleo da vida.

Como e por que nasce a literatura como expressão artística?

Quando se iniciou a vida humana na terra, enquanto a natureza ainda permanecia em estado quase intocado pelo trabalho, e enquanto as condições para a sobrevivência dos homens eram ainda extremamente adversas à vida humana, a comunicação e a linguagem oral surgiram como uma necessidade do ser social nascente. Com a criação dos primeiros gestos do trabalho, que colocam o homem em um nível ainda incipiente, mas qualitativamente superior à vida animal e biológica, inicia-se a transformação da natureza e do próprio homem, que passa a dominá-la. Para que isso pudesse acontecer, a linguagem passaria a operar como uma espécie de braço direito, sob a forma da comunicação verbal, potencializando a atividade social do trabalho. Foi o trabalho, portanto, que proporcionou ao ser humano contrapor-se às barreiras que a natureza lhe impunha (a fome, o frio etc.), colocando-a a seu serviço, criando o sujeito e, com ele, a linguagem. Paralelamente a essa função comunicativa da linguagem, surge outra função, a expressiva, constituindo junto àquela o conjunto de ideias e valores culturais construídos lentamente pela humanidade. A função expressiva da linguagem, em especial, opera como uma espécie de juízo de valor a respeito das condições de vida construídas pela própria humanidade nascente, condições que, enfim, lhe proporcionam também *sentimentos*. A emoção, o medo, a alegria, o prazer, a tristeza, a angústia etc. começam a fazer parte deste novo ser, deste indivíduo social. Os sentimentos deste sujeito em construção precisaram encontrar uma maneira própria para se expressar – ou em forma de figuras representadas visualmente, ou na forma da expressão corporal e verbal –, e assim começa a surgir a arte, inicialmente relacionada à magia e à religião. Inseparável da unidade viva e contraditória da história, mas com leis particulares específicas da arte, a literatura foi lentamente se separando da magia e da religião, se diferenciando delas por não ter uma finalidade imediata e direta. Vai, então, surgindo, lenta, mas definitivamente, nas suas mais diversas formas de manifestação, uma linguagem propriamente artística, que precisa desligar-se dos processos produtivos da vida cotidiana de sua condição primitiva e, enfim, precisará distanciar-

-se da vida material, como forma artística, para enxergá-la em seus movimentos essenciais, isto é, em suas contradições históricas.

Literatura é trabalho?

O trabalho é a relação do homem com a natureza que resulta na modificação do mundo natural e na criação do homem como ser social. Ao enfrentar as barreiras naturais na luta por sua sobrevivência, para suprir suas necessidades imediatas e, visando a finalidades específicas, o homem transformou a natureza, reduziu os limites impostos a ele e criou um mundo que não é mais apenas natural, mas humano, isto é, um mundo adequado às necessidades humanas. Nesse sentido, é pelo trabalho que o homem cria o seu mundo e a si mesmo. Por isso, o trabalho, como ação pensada do homem sobre a realidade exterior (que existe independentemente de sua consciência), é a primeira forma de exteriorização das forças próprias do homem no mundo.

A literatura, por sua vez, é também uma forma de exteriorização do homem no mundo, mas ela só pôde se realizar num estágio mais avançado das forças produtivas, isto é, quando o homem já podia garantir a satisfação de suas necessidades mais imediatas (fome, sede, frio etc.) e, portanto, tornar-se capaz de interessar-se por algo que não apresentasse um vínculo imediato com suas necessidades cotidianas. Como o trabalho, a literatura é, então, uma forma de objetivar as forças humanas subjetivas na realidade objetiva; porém, o trabalho é uma objetivação primária, enquanto a arte é uma objetivação tardia.

Dessa maneira, podemos ver que existem pontos de convergência e de divergência entre arte e trabalho. Ao modificar o mundo exterior pelo trabalho, o homem age com uma determinada finalidade, visando a alguma utilidade prática: utiliza e transforma um galho de árvore em extensão de seu braço e de sua mão para alcançar uma fruta, ou em apoio para caminhar, ou em instrumento para fazer fogo e aquecer-se etc. A arte, ao contrário do trabalho, não tem uma utilidade imediata, ela suspende temporariamente as finalidades práticas para se dedicar à expressão da subjetividade do homem e à recriação do mundo humano em formas artísticas: poemas, narrativas, pinturas, músicas, esculturas etc.

Assim, a arte pode refletir o mundo como um lugar que o homem pode reconhecer como seu, como um mundo adequado à essência humana, tal como ocorre com o trabalho, que torna o mundo exterior mais adequado a ele. Entretanto, o fato de a arte recriar o mundo não significa que ela possa deformá-lo, apresentando-o como aquilo que ele não é ou como o artista gostaria que ele fosse. Se para realizar uma atividade útil, o homem precisa escolher e selecionar o objeto mais adequado a sua finalidade, pois, se não forem consideradas as características concretas do objeto, o homem pode escolher um objeto inapropriado para a finalidade que ele pretende alcançar. Do mesmo modo, o artista deve considerar a realidade efetiva para descobrir nela aquilo que é mais típico, isto é, aquilo que reúne o fenômeno imediato à sua essência histórica. Se o artista não respeita a realidade, ele não poderá refleti-la tal como ela existe em sua totalidade e profundidade, e seu trabalho artístico fracassará. Entretanto, na arte, respeitar a realidade tal como ela é não significa reproduzi-la mecanicamente, mas descobrir suas potencialidades latentes, nem sempre imediatamente visíveis na vida cotidiana.

Tal como ocorre no trabalho, pelo qual o homem descobre na natureza matérias-primas que, quando utilizadas corretamente, garantem o enfrentamento de barreiras naturais que ameaçam a sobrevivência humana, também a arte pode dar a ver caminhos de superação latentes na vida social e capazes de, se desenvolvidos pelos seres humanos, conduzirem a um mundo mais adequado à humanização. Dessa maneira, assim como o trabalho, a arte cria e transforma não apenas o objeto, nesse caso o artístico, mas também o próprio sujeito, o homem humanizado.

É preciso ainda ressaltar que, com a maior complexidade da vida social e com o desenvolvimento contraditório da história da produção humana sob o capitalismo, o trabalho se torna estranho ao trabalhador, uma vez que o sujeito não pode mais se reconhecer no objeto que produziu. No mundo do trabalho estranhado, a arte ganha importância fundamental, quando exerce sua capacidade de refletir a totalidade da vida, pois ela se apresenta como uma figuração do trabalho livre e como um objeto produzido pelo homem em que o sujeito pode se reconhecer de forma autêntica e humanizadora.

Considerando-se essa relação entre arte e trabalho, pode-se perceber que a literatura é uma forma particular de trabalho, produzida pelo homem no seu contato com o mundo e com os outros homens como forma de compreensão e crítica da vida social, de si mesmo e dos conflitos humanos; trata-se de uma forma que ilumina as possibilidades de o homem intervir nesses conflitos e transformá-los. Portanto, não se pode dizer que a literatura seja apenas entretenimento e nem mesmo um trabalho como os outros, pois ela é uma forma que anuncia a possibilidade do trabalho livre, aquele que resiste à automatização e à desumanização que vigoram na sociedade capitalista.

Qual a função da literatura?

Embora a literatura não tenha uma finalidade prática imediata, ela exerce uma função insubstituível na vida social: refletir fielmente para os homens a realidade em sua unidade contraditória. Todas as formas de o homem tomar consciência da realidade são reflexos dessa mesma realidade nas ideias e sensações do homem. Para entender o caráter específico e imprescindível da literatura como reflexo artístico da realidade, é importante compreender qual é a realidade a ser refletida pela arte. Uma boa maneira de começar a responder a essa questão talvez seja definir o que *não* é essa realidade e, portanto, de que forma a literatura *não* deve captá-la para que possa refletir fielmente para os seres humanos a realidade em que estão inseridos:

1) a literatura não pode refletir efetivamente a realidade se ela reproduz mecanicamente apenas a camada mais imediata da vida, isto é, se ela se fixar apenas nos fenômenos da superfície da vida cotidiana. Se assim o fizer, a arte nos apresentaria apenas uma parte de nossa realidade, exatamente aquela que já conhecemos no nosso dia a dia, ou seja, o que aparece aos nossos olhos todos os dias. Como a sociedade capitalista é fetichizada – vivemos a ilusão de que as coisas (mercadorias) tomam vida própria e, como se estivessem enfeitiçadas, parecem agir no lugar dos homens –, assim, nela, os fenômenos se apresentam frequentemente de forma invertida e fragmentária, por isso nem sempre podemos compreendê-los como eles de fato são, uma vez que a essência histórica deles parece estar desconectada da aparência que eles apresentam. Quando a arte faz uma mera cópia da realidade imediata, como acontece, por exemplo, no naturalismo (escola literária da segunda metade do século XIX), ela reproduz a aparência fetichizada, invertida e fragmentada da vida cotidiana no capitalismo e não a realidade como ela de fato é. Embora os artistas naturalistas pretendessem reproduzir com fidelidade a vida social e, assim, criticar a vida desumanizada no capitalismo, eles quase sempre fracassaram no seu intento, pois buscavam apreender a totalidade da vida por meio de um acúmulo minucioso de todos os detalhes do fenômeno a ser descrito, como se fossem

vários pontos espalhados que, se não forem ligados entre si, não podem formar uma imagem com um sentido uno e compreensível do todo a ser representado. No naturalismo, o caráter crítico da literatura em relação à vida não pode se realizar plenamente, pois, quando a obra é uma reprodução mecânica da realidade aparente, ela se apega apenas à superfície imediata dos fatos, dos fenômenos cotidianos e, por essa razão, não reflete a essência histórica, as raízes concretas desses fenômenos. Assim, a obra apresenta ao leitor uma realidade pela metade e sem saída para fora do momento histórico do capitalismo, como se o capitalismo fosse o destino final da humanidade, quando, na verdade, ele precisa ser necessariamente ultrapassado para que a humanidade possa seguir em frente na busca da realização plena de suas potencialidades humanas;

2) a arte também não pode querer, em oposição às tendências naturalistas, ser apenas uma abstração, isto é, partir do princípio de que as formas artísticas não mantêm vínculos com a realidade imediata e que o artista pode chegar diretamente à essência das coisas sem considerar a aparência delas. A imediatez da vida cotidiana também precisa, de forma mediada artisticamente, estar presente na obra de arte, pois sem ela o reflexo da vida também estaria incompleto. Sendo assim, a arte que se fixa apenas na essência, ou seja, a criação artística idealista, que, em nome da recusa ao mundo capitalista, ou se refugia em um mundo pré-capitalista ou se orienta exclusivamente pela perfeição formal, pelas estruturas do texto literário consideradas como algo absolutamente independente da realidade, não pode refletir a realidade complexa e contraditória do mundo para os homens. O idealismo artístico intensifica a tendência de a arte se separar da vida. O artista, frente à hostilidade do capitalismo à arte, se fecha em si mesmo e sua produção se esforça por dar as costas ao mundo, como se fosse possível produ-

zir uma arte totalmente independente e livre do mundo, na qual a subjetividade do artista pudesse ter a livre expressão que a realidade não lhe permite. Em sua tentativa de recusar o mundo burguês, a arte idealista torna-se uma expressão do capitalismo. Torna-se, então, uma arte que desistiu de captar a realidade como uma totalidade social, incapaz de enfrentar o momento de sua produção como uma parte da história da evolução humana, uma arte que, diante do caráter contraditório do progresso humano, só pode ver o lado negativo e regressivo da história da humanidade.

Considerando esses dois polos que reproduzem a ilusão, própria da sociedade fetichizada, de que é possível separar a aparência de sua essência, pensemos agora na forma como a literatura pode realizar sua função de ser reflexo fiel da realidade dos homens. A literatura reflete a realidade quando oferece ao leitor a possibilidade de estabelecer conexões entre a aparência e a essência, entre os fenômenos vividos por um personagem em um romance ou pela voz lírica que fala em um poema e a essência histórica desses fenômenos. Mas a literatura não discorre sobre essas conexões, falando delas didática ou teoricamente, ao contrário, ela as reflete no destino individual do personagem, na sua relação com outros personagens durante a narrativa, ou, no caso do poema, na relação entre o eu poemático e o mundo que é refletido no poema. Ou seja, é na *ação*, na configuração da realidade em termos humanos, no reflexo da vida em movimento, nas contradições e embates que o personagem ou o eu lírico vive, que as relações concretas entre os fenômenos cotidianos e a essência de cada um deles se articulam em uma unidade viva e se fazem visíveis ao leitor. Ao refletir de maneira concentrada na narrativa ou no poema os nexos entre aparência e essência, a literatura reflete a vida em sua totalidade e, dessa forma, realiza algo muito importante: ela se contrapõe à realidade fetichizada da vida administrada sob o capitalismo, que nos apresenta os fenômenos como independentes da sua essência real. É por isso que a arte desempenha um papel imprescindível para a humanidade – sua missão desfetichizadora. Essa função desfetichizadora da arte se realiza em dois movimentos: primeiramente o de revelar ao homem a fetichização da vida cotidiana em que está mergulhado (a arte como crítica da vida) e, em seguida, o movimento de defender a integridade da humanidade nessa mesma vida cotidiana (arte como conhecimento do núcleo da vida). Pela desfetichização, a arte reconcilia o homem com o mundo, no qual ele se sente sozinho, estrangeiro e sem direção, pois o destinatário da arte, o homem do cotidiano, no contato com o mundo próprio da arte, quando retorna ao mundo fragmentado da vida cotidiana, volta enriquecido com a experiência humanizadora vivida na arte: a vivência de um mundo coeso, onde sujeito e objeto, aparência e essência, indivíduo e humanidade estão reunidos no reflexo artístico da vida real que é a obra de arte. Assim, a arte se opõe à fetichização do mundo, promove e defende a humanização do homem e se constitui como memória da humanidade, uma vez que a própria história da formação humana forjada na práxis social se acumula e se condensa na arte.

Como a literatura está ligada à vida social?

Por ser um reflexo artístico do que existe, a literatura está profundamente ligada à vida social. Entretanto, isso não significa de forma alguma que a literatura esteja obrigada a refletir exclusivamente fenômenos da vida cotidiana ou situações efetivamente reais. O que há de realidade no texto literário não é apenas o que se refere expressamente ao mundo real. Muitas vezes, diante da complexidade da vida social, o artista precisa recorrer a formas estéticas que extrapolam ou transfiguram a realidade imediata, justamente para expressar literariamente a essência real e histórica dos fenômenos cotidianos. É o que ocorre, por exemplo, na fantasia poética ou nos textos fantásticos, em que até mesmo as leis da natureza podem ser alteradas, como acontece, por exemplo, com alguns personagens de contos fantásticos dos séculos XVIII e XIX que perdem sua sombra ou seu reflexo no espelho. Vale lembrar, ainda, que o narrador de *Memórias póstumas de Brás Cubas* é um "defunto autor" e, no entanto, esse romance de Machado de Assis é talvez um dos que melhor pôde captar e refletir com realismo a complexa vida social brasileira. Para produzir uma forma estética capaz de representar as complexidades da realidade, o autor não reproduz simplesmente o que já está dado na experiência imediata; embora tenha aí o seu ponto de partida, ele busca refletir o que ainda não está disponível à consciência humana e que se torna conhecido por meio de conexões com a realidade propostas pelo texto literário. Nesse sentido, a literatura é sempre mais do que reprodução pura e simples da realidade. Os elementos da vida social são inseridos no texto literário pelo trabalho do escritor, que reduz as contradições sociais à estrutura do romance, do conto ou do poema, para, assim, ampliar e tornar visível o que está diluído na vida social. Dessa maneira, os elementos da realidade, externos ao texto literário, são internalizados e transformados em literatura; por isso, para que um texto alcance a vida, a realidade social mais profunda, ele não precisa necessariamente falar da realidade diretamente, mas sim, conseguir transformá-la em uma estrutura literária que transmita ao leitor, de forma viva, a experiência de contradições e dilemas históricos profundos. Portanto, o que garante a ligação entre a literatura e a vida social é o caráter realista da criação literária.

Antes de compreender o que significa esse caráter realista da obra de arte, é preciso entender que, quando se fala em realismo na arte, não se está referindo exclusivamente à escola literária da segunda metade do século XIX, conhecida como Realismo ou Naturalismo, que priorizava a descrição de fatos e temas eminentemente sociais em seus mínimos detalhes e de forma fatalista. Ao contrário, o realismo é uma espécie de reflexo específico da realidade que é comum a toda arte capaz de captar a vida em termos verdadeiramente humanos, o que se verifica tanto em obras anteriores ao Realismo da segunda metade do século XIX, quanto em obras posteriores a esse período da literatura. O realismo artístico é um modo particular de refletir a realidade que garante, pela criação de um mundo artístico (um poema, um romance, uma peça, um quadro, uma música, um filme etc.), que a vida social seja visível ao leitor em sua totalidade dinâmica, contraditória e humana.

Para que o realismo artístico se realize, isto é, para que a arte seja um reflexo efetivo da vida social, é necessário que a obra de arte seja capaz de refletir esteticamente as grandes forças motrizes da história, as forças antagônicas e diversas que estão em movimento na vida social do homem; que o artista capte a vida em sua totalidade múltipla, rica e contraditória; que sua obra reflita a substância humana do homem de tal forma que a integridade dos seres humanos seja defendida de todas as forças regressivas que a ameaçam e a rebaixam para um nível aquém do humano. A arte realista é aquela que reflete a vida social de forma desfetichizada.

A sociedade capitalista nos faz ver os fenômenos econômico-sociais que determinam a vida cotidiana como se eles fossem o resultado de uma relação entre mercadorias. Dessa maneira, as mercadorias assumem para a consciência dos homens uma aparência reificada, abstrata e fantasmagórica, isto é, uma aparência desconectada de sua verdadeira essência, uma aparência que oculta o fato de que as formas reais das mercadorias derivam das relações sociais entre os homens e não das relações entre as coisas. A arte, além de revelar essa inversão deformadora da realidade, conecta o homem à vida social como ela efetivamente é, fazendo-o descobrir, por trás das relações entre as coisas, as relações sociais entre os homens, refletindo, assim, as efetivas conexões entre os fenômenos econômico-sociais e sua verdadeira essência. O mundo fetichizado nega essa conexão entre os fenômenos, separa o universal do cotidiano, separa a essência da aparência, separa o fenômeno da totalidade da vida social.

A arte responde a esse mundo com a criação de um objeto artístico que não é simplesmente um fragmento ou apenas uma parte da realidade extensiva, pois, no objeto artístico, aquilo que a fetichização apresenta como se fosse separado volta a se reunir na particularidade da arte. O realismo artístico reúne, em unidade contraditória, aparência e essência. É nessa unidade de contrários que se encontra o nervo da vida, que não está *a priori* na consciência, mas que pulsa na própria objetividade da vida. A arte realista está ligada à vida social porque tem seu ponto de partida não em um conceito, mas na vida cotidiana, onde estão conectadas, em relação dialética, aparência (a singularidade de um momento histórico específico; os fenômenos da vida imediata, sempre heterogêneos e mutáveis; as múltiplas reações individuais dos homens) e essência (a universalidade de tendências mais profundas e duradouras que atuam de forma mais estável na história, consolidando-se como representativo da humanidade).

O artista elege, entre a mobilidade dos fenômenos da vida concreta, aquilo que hierarquicamente se difere da aparência imediata porque se articula à universalidade costurada à práxis humana. Na vida objetiva, cada fenômeno do aqui e agora está em conexão com sua essência histórica, mas essa conexão é extensiva, está diluída no oceano da vida. O artista cria um mundo particular, um pequeno todo bem-acabado, coeso – um romance, um poema, um quadro, uma música etc. – que reflete de forma intensiva, condensada, aquilo que está disperso na realidade e, por isso nem sempre acessível à consciência humana. Um romancista, por exemplo, ao compor o personagem de um romance, cria um *tipo*, que condensa de forma intensiva as características mais fortes da tendência social em curso; não se trata de um tipo ideal abstrato, nem de um tipo médio que seja uma amostra estatística da média de tipos humanos presentes na sociedade. O tipo criado na arte realista é o típico: o personagem configurado como um ser único, que tem uma vida própria, cuja individualidade está claramente articulada às tendências universais que conectam este personagem ao desenvolvimento histórico da humanidade como um todo.

Em *Vidas secas*, por exemplo, Fabiano é um personagem típico; sua singularidade de vaqueiro, sertanejo, analfabeto, chefe da família de retirantes composta por Sinha Vitória, os dois meninos e a cachorra Baleia está intimamente conectada à grandeza humana de que ele e sua família (até mesmo Baleia) são capazes. No destino individual de Fabiano e sua família, estão intensificadas as forças antagônicas da história brasileira daquele momento integradas à história social do homem, que, no todo particular desse romance de Graciliano Ramos, é apresentada ao leitor como "um mundo coberto de penas". Esse mundo é o de Fabiano e de sua família, mas é também o do leitor, que, mesmo sem ser brasileiro, vaqueiro ou sertanejo, pode reconhecer, nos dilemas, aflições e desejos de Fabiano, a essência genérica do ser humano.

Assim, no mundo particular de cada obra de arte, no destino individual do personagem típico, reflete-se de forma intensificada a vida social em sua realidade mais profunda, apreendida em sua configuração concreta e real (desfetichizada). A arte amplia a nossa consciência do que significa vida social, pois reflete para nós a vida social como ela efetivamente é: não o retrato estático do que já conhecemos, mas o processo vivo, amplo e complexo do que vivemos, mas nem sempre percebemos, do que precisamos transformar e construir para que haja o historicamente novo, um futuro para o gênero humano. Dessa forma, a arte nos retira da condição reificada de meros observadores da vida social para nos reconhecermos como participantes ativos dela. Ultrapassando a oposição entre indivíduo e sociedade, a arte nos mostra que somos parte da vida social, tanto no que diz respeito aos limites concretos a serem necessariamente superados, quanto à riqueza de possibilidades do historicamente novo a ser desenvolvido por nós.

Como entender a autonomia da arte?

Muitas vezes, temos dificuldade de entender a necessidade de autonomia da arte, pois, se ela está ligada à vida social, como entender a sua necessidade de ser autônoma para se realizar como arte? Em primeiro lugar, precisamos considerar que o processo de autonomização da arte está ligado à sua própria origem como forma de exteriorização das forças essenciais dos seres humanos, pois, inicialmente, a arte se confundia com outras formas de conhecer e refletir a vida cotidiana, como a magia e a religião. Como reflexos antropomorfizados, isto é, como reflexos que apresentam o mundo modificado segundo as atitudes, necessidades e características humanas, a magia, a religião e a arte foram criadas pela humanidade como formas que dão objetividade não apenas ao reflexo da realidade física, mas também aos sentimentos humanos diante dessa realidade. Por isso elas são formas de objetivação que dizem respeito a um momento mais complexo da vida social, em que a comunicação entre os homens já exige mais que a simples transmissão dos fatos a serem comunicados.

A arte, aos poucos, vai se diferenciando da magia e da religião, pois, nela vai se tornando imperioso o seu caráter fictício e imanente, enquanto na magia e na religião prevalecem o caráter de verdade e transcendência. A autonomização da arte, sua diferenciação da religião e da magia é, então, essencial para que ela se ligue efetivamente à vida cotidiana e concreta dos homens. A autonomia da arte é decisiva porque ela significa sua real existência como reflexo artístico, como objetivação específica do mundo humano. A partir disso, o homem começa a se interessar pela arte como obra de arte, como forma autônoma na qual a ligação imediata com o mundo exterior não é preponderante, na qual as necessidades imediatas da vida cotidiana não são mais centrais. Assim, a autonomia da arte ultrapassa a sua separação da religião e da magia e passa a significar a criação da própria obra de arte como um mundo próprio.

Esse mundo particular é o próprio mundo da arte, é o mundo de personagens que agem dentro da narrativa, desencadeando o enredo. Trata-se, portanto, do mundo criado pelo escritor, que necessariamente tem um caráter ficcional. Embora sejam personagens de ficção, ganhando vida própria dentro de um mundo ficcional, a obra literária, obrigatoriamente, deve construí-los, em suas características e ações, tendo semelhanças com os homens da vida real, da vida cotidiana.

Logo, a autonomia da obra de arte existe para que ela possa exibir a vida social não em sua mera imediatez, mas, também, em seus traços essenciais, em sua natureza histórica, isto é, no movimento das forças sociais em curso. Por isso dizemos que a arte e a literatura constituem uma segunda imediatez, uma segunda aparência, na qual coincidem aparência e essência. Assim sendo, a arte e a literatura são a essência sensível. A literatura se afasta da aparência (a vida cotidiana) para melhor representá-la, para figurá-la de modo ficcional, o que a torna segunda aparência. Por isso também podemos dizer que ela constitui um reflexo sem original. É um reflexo do mundo real que na obra é modificado, transfigurado.

A leitura da literatura deve ser predominantemente estética?

A abordagem de um texto literário, para ser feita em sua dimensão mais viva, deve ser, sobretudo, estética, antes de ser sociológica, biográfica, histórica, linguística ou psicológica, pois, se a obra literária não for trabalhada na sua dimensão estética, todas as suas outras dimensões (sociais, históricas, biográficas etc.) podem ser reduzidas a nada, já que todas elas estão presentes na obra pela via do tratamento estético que o autor deu a cada uma delas.

A compreensão da linguagem literária, nos seus traços mais elementares, não é algo que se dê de imediato, pois depende do olhar crítico e da percepção das relações entre os diversos elementos que o definem como tipo distinto de linguagem, entre os quais, sem dúvida, estão todos aqueles linguísticos, históricos, biográficos, sociológicos etc. É certo que, quando analisados sob o ponto de vista estético, os fatores externos não podem ser vistos isolados da sua atuação, no que o crítico literário Antonio Candido chama de "economia da obra". Sendo a obra literária um resultado da combinação de diversos elementos, organizados esteticamente pelo escritor sob o tempero da sua intuição, a compreensão literária de qualquer fator presente na obra somente é possível pela sua relação com o todo dessa organização. E isso implica em que, nesta relação, os fatores externos, uma vez sendo artísticos, não representam mais apenas o que representariam ou que representavam fora do seu contexto, seja porque o autor cria, seja porque transfigura a realidade que toma como matéria. Por isso mesmo é que, sem esta consciência da liberdade relativa do autor, não se compreende o próprio resultado daqueles elementos e a sua atuação no todo coeso da obra.

Há muito mais atributos estéticos literários em um determinado texto do que comumente se pode imaginar, sejam as combinações sonoras atuando em conjunto com alusões de caráter linguístico, promovendo inter-relações dos sentidos, olfato, paladar, enfim, de diversos recursos de que o artista pode lançar mão em função da eficácia estética, e que, uma vez postos em "funcionamento", atuam sobre o leitor ainda que este não os perceba à primeira vista. É na forma estética que está condensado o trabalho do escritor. Nela está representado o produto final do seu trabalho de criação, de ficção, de invenção, de modo que é o caráter estético que exprime com a máxima fidelidade as tendências históricas, sociais e humanas em curso.

O objeto da literatura é o texto literário, como forma mediada e dialética de condensar nas formas estéticas o que está diluído na vida concreta. Assim, a interpretação literária pode alcançar também a sociedade, a psique humana e a língua, mas desde que o leitor não se aproxime do texto literário desconsiderando a sua especificidade de ser literatura, pois tais elementos estão presentes no texto de forma mediada pelo trabalho do escritor, pelo trabalho literário ou estético. A dimensão estética é indispensável à realização da literatura e à análise de um texto artístico, pois sem ela estaríamos diante de qualquer outra coisa, menos da literatura.

Entretanto, o fato de não ser possível ignorar a natureza essencialmente estética do texto literário não significa que devamos entender a literatura como uma forma desligada da vida concreta e da história econômica, social e política. Ou seja, não podemos entender a literatura se a consideramos como resultado exclusivo de suas conexões imanentes, isto é, internas, específicas e inerentes a ela mesma. Tais conexões internas existem e são fundamentais para que um texto se constitua como arte, porém, elas não surgem do nada, mas vêm da própria vida concreta, da qual o artista e sua obra fazem parte. Além disso, o próprio termo "estética" remete à sensibilidade humana, a como os nossos sentidos humanos (visão, audição, tato, olfato e paladar) captam, de forma sensível, o mundo em que estamos inseridos.

Esses sentidos não nasceram prontos, eles foram desenvolvidos ao longo da história da humanidade, eles foram pouco a pouco se tornando humanos, diferentes dos sentidos dos animais, que não podem apreciar uma música, um poema, um filme. Por isso Marx afirma que os sentidos, quando são submetidos apenas a exigências práticas imediatas ou animais, são extremamente limitados: o alimento, para um homem faminto, perde toda a sua forma humana, ele não considerará o sabor (bom ou ruim), a aparência (refinada ou grosseira), o odor (agradável ou desagradável) do alimento, ele apenas se nutrirá dele indistintamente como faria um animal faminto. Também um comerciante de pedras preciosas não pode ver a beleza de cada pedra que negocia, pois ele só vê o valor de mercado da pedra.

Por essa razão, a dimensão estética da arte é fundamental, tanto para o desenvolvimento histórico do homem como ser social, quanto na defesa dessa humanização conquistada historicamente, frente às ameaças de regressão e embrutecimento dos sentidos humanos geradas pelas contradições do capitalismo, seja pela mercantilização de tudo o que existe, inclusive das pessoas, seja pelas desigualdades abissais que condenam os homens a regredirem a animais. Lembremo-nos do vaqueiro Fabiano em *Vidas secas* se perguntando diante da miséria e da exploração: "Fabiano, você é um homem ou um bicho?" É a configuração estética que Graciliano Ramos dá, no romance, a essa condição social concreta que nos faz ver que Fabiano é parte da história de todo gênero humano em sua luta para ser plenamente humano.

O que é eficácia estética?

Uma obra é esteticamente eficaz quando consegue representar literariamente a realidade, isto é, quando traz para o interior do texto literário, para suas estruturas internas, e de maneira viva, aquilo que originalmente não era literatura: os elementos externos ao texto literário transformados em literatura. É trazer os elementos mais típicos e determinantes da realidade que movem a história humana e plasmá-los ficcionalmente, dando-lhes a forma mais adequada para evidenciar as forças essenciais que põem em movimento nossa vida. Assim, eficácia estética é a capacidade da obra literária de envolver o leitor a ponto de levá-lo a experimentar dialeticamente os problemas e as contradições da vida. Uma obra é esteticamente eficaz quando consegue alcançar, pela organização de uma forma literária (um romance, um conto, um poema) a totalidade contraditória da vida.

A literatura é, sobretudo, uma força humanizadora, na medida em que oferece ao homem a possibilidade de entrar em contato com contradições profundas, nas quais ele está mergulhado, mas para as quais não tem condições efetivas de olhar a ponto de compreendê-las na vida cotidiana. Tais contradições precisam ser encaradas para que possamos ser humanos e caminhar em direção à construção de nossa emancipação, entretanto, a vida organizada sob o regime do capital, em que as mercadorias aparentemente se sobrepõem aos sujeitos, pretende negar as contradições e dissolvê-las na fragmentação da sociedade objetificada, na qual a vida e as relações humanas se reduzem a formas artificiais, administradas e cegas.

Na leitura, o leitor é convidado a entrar no interior do texto literário e percorrer os labirintos de suas estruturas, rimas, ritmos, imagens, figurações, narradores, personagens, tempo e espaço narrativos etc. Ao penetrar nesse mundo de palavras, ao acompanhar a organização que o escritor deu ao mundo ao recriá-lo como literatura, o leitor pode questionar o seu mundo interno, como também o mundo na sua totalidade e, assim, pensar que a vida é como é não por uma fatalidade imutável, mas que cabe ao homem, como coube ao poeta ou romancista, buscar refazer o mundo, que pode ser reorganizado em outras bases.

A literatura é um objeto produzido pelo homem, mas produzido de uma forma relativamente autônoma e livre, pois sua produção não visa uma utilidade imediata para o consumo. Para que a literatura seja literatura, ela exige uma cota de liberdade para sua realização: ao contrário do historiador, que não pode reinventar a realidade em seu ofício, o escritor pode fazê-lo, reorganizando, no texto literário, o mundo segundo uma ordem artística, e não apenas econômica, ideológica, individual; é essa parcela de ordem artística que confere à literatura certa liberdade capaz de nos fazer repensar o mundo e nossa própria vida dentro dele. Assim, a literatura não é apenas uma fotografia do mundo, ou a constatação de que ele é assim e ponto; ela é um reflexo artístico do mundo, e por isso está em certo aspecto acima e além do mundo que revela, nos fazendo perceber que, se o escritor pode recriar a vida ao transformá-la em literatura, nós também podemos pensar que é necessário transformar o mundo e não nos conformarmos às servidões que a vida no capitalismo nos impõe.

Para quem é a literatura?

Nas sociedades de classe, existe uma divisão rígida na história da produção da literatura entre literatura erudita e não erudita. Essa dicotomia, que deve ser superada, diz respeito à própria organização da sociedade em classes sociais que separa o que deve ser lido e produzido pela elite daquilo que deve ser consumido pelas classes populares. Muitas pessoas consideram que a literatura, em seu sentido estrito, é destinada apenas a pessoas cultas ou de classes sociais privilegiadas, pois a linguagem literária é difícil, cheia de mistérios e disfarces. Entretanto, a literatura que se constituiu no Brasil, por exemplo, somente foi possível na medida em que os autores, mesmo os mais refinados, tiveram que lidar literariamente com o personagem popular brasileiro, ou seja, este personagem se impôs como um elemento constitutivo da obra.

Pensemos mais uma vez em uma das melhores obras da literatura brasileira, *Vidas secas*, de Graciliano Ramos, que tem como personagem central um vaqueiro nordestino, o qual, por ser representado de modo realista, retomando esteticamente a estrutura de classes em que o país está dividido, não sabe ler nem escrever, é explorado e injustiçado, entretanto se apresenta no romance como alguém que tem uma riqueza humana muito grande que, de fato, equivale à força de humanidade que se pode encontrar no homem do povo. Por que, então, o povo estaria impedido de ler aquilo mesmo que diz respeito a ele?

Em sociedades nas quais é negado ao povo o direito à alimentação, educação, saúde, terra e moradia, a literatura também é interditada ao povo, que seria o destinatário principal dela. É um equívoco, e até uma atitude perversa, pensar que o povo não tem condições de entender e ler literatura, e que apenas pessoas socialmente privilegiadas poderiam compreender o que ela diz. As classes dominantes frequentemente demonstram-se desprovidas de sensibilidade e verdadeiro interesse pelo que a literatura tem a revelar: as contradições humanas resultantes da dominação histórica de um homem sobre o outro. Dominação que é reforçada quando a literatura, no seu sentido mais específico, é negada ao povo e ao trabalhador, para os quais ficariam exclusivamente as formas não eruditas da cultura ou as formas decadentes da indústria cultural.

A literatura é patrimônio histórico universal da humanidade, portanto, é um bem indispensável a todos, assim como aqueles bens já considerados indispensáveis à sobrevivência. O crítico literário e professor Antonio Candido aponta que geralmente são considerados bens indispensáveis aqueles como a alimentação, moradia, vestuário, instrução, saúde, liberdade individual, amparo da justiça, resistência à opressão. Mas ele sugere que pensemos também como bem indispensável aquilo que normalmente é subtraído às classes populares, como o direito à opinião, ao lazer, à arte e à literatura. No nosso mundo tão submetido ao dinheiro e ao mercado, a literatura parece não ter valor, não ser um direito. Mas, como ela é uma forma humanizadora, não é possível tornar-se um ser humano em sentido pleno sem o contato com a literatura. Se a emancipação humana é direito de todos, e não é possível construí-la sem o acesso ao mundo da arte, todos os homens têm direito à literatura.

Como o povo está presente na literatura?

A presença do povo na literatura não se dá exatamente quando o texto literário fala do povo, mas também na própria organização interna da obra. A literatura se baseia na transferência de sentidos entre as palavras, alterando o sentido próprio delas, para criar um novo sentido, o figurado. O sentido figurado está organicamente presente na vida e na fala do povo. Assim, as imagens figuradas, que se baseiam na transferência de sentidos, são elementos literários que vêm do povo para a literatura. Quando um poeta cria metáforas elaboradas nas quais as transferências de sentido criam um sentido novo, ele está recriando a vida vivida pelo povo. A grande diferença é que o trabalho realizado pelo poeta parte de uma consciência criativa que pensa e trabalha a linguagem e a vida que o povo fala, constrói e vive, mas de forma tão orgânica que, na maioria das vezes, se torna uma fala, uma construção e uma vida inconsciente. Por essa razão, os elementos estéticos são políticos, históricos e sociais, porque partem da vida do povo e depois retornam a ela já elaborados e trabalhados pela consciência poética, que não é mais verdadeira que a vida do povo, apenas é capaz de condensar no mundo do texto o que está disperso na vida cotidiana, uma vez que as contradições presentes na forma estética são exatamente aquelas que vivemos na vida concreta sem que tenhamos a real e profunda consciência delas.

Para figurar artisticamente a totalidade da vida popular, não é suficiente fazer referência ao povo nem mesmo fazer dele protagonista vitorioso e único dos fatos narrados em uma obra, pois tal perspectiva produz uma figuração abstrata e imediata da vida popular, uma vez que isola a vida do povo das demais forças sociais que atuam na história concreta. Portanto, na literatura, o artista precisa considerar também os representantes da realidade que é diversa e externa à vida do povo, pois, só assim, relacionando os do alto (dominadores) aos de baixo (dominados) no interior da sociedade de classes, é possível figurar a riqueza das lutas populares, suas contradições internas, grandezas e limites impostos pela história concreta de um país e de um povo.

Como saber o que diz um texto literário?

Vários aspectos devem ser considerados para a interpretação de um texto literário: a intuição do leitor diante dele; as sensações e os pensamentos que desperta no leitor; as relações entre o texto e a vida real; as informações relacionadas ao contexto histórico em que foi produzido, e, também, aquelas relativas à vida do autor. Essas primeiras impressões que o texto literário provoca no leitor e as informações históricas e biográficas devem ser valorizadas como ponto de partida, mas não como ponto de chegada para a interpretação. Isto porque o texto literário é resultado do trabalho do escritor que transforma as palavras, dando a elas um novo sentido, muitas vezes bem diferente do seu sentido comum, próprio ou dicionarizado. Quando a intuição e os elementos informativos se tornam eles mesmos a interpretação, a ponto de não nos deixar ver as marcas do trabalho artístico, corremos o risco de não perceber o deslocamento de sentido das palavras e nos apegarmos ao seu significado literal, fazendo uma leitura que, em vez de chegar ao interior do texto literário, acaba por evitar o contato efetivo com ele.

Algumas vezes, procuramos ligar o sentido de um texto literário imediatamente à realidade social, associando diretamente as imagens poéticas a fatos concretos da realidade, assim, esquecemos que o texto literário é uma forma *mediada*, e não imediata, de representação da vida social. Outras vezes, somos tentados a adivinhar o sentido real das palavras do texto literário que imaginamos estar escondido atrás das imagens e metáforas criadas pelo autor, mas a palavra literária não é uma charada que esconde o seu verdadeiro sentido do leitor; ela é, na verdade, resultado do trabalho do escritor sobre o sentido original das palavras que, como matéria-prima bruta, é explorado, lapidado, deformado, transformado, conservado e renovado ao mesmo tempo, criando, assim, sentidos que antes não estavam disponíveis ou visíveis para o leitor.

Os muitos sentidos do texto, suas muitas vozes, são partes distintas entre si que se articulam de variados modos para compor uma unidade, uma totalidade em si mesma que se constitui no mundo do poema ou da narrativa. Ainda que todas as impressões iniciais que um texto nos causa devam ser consideradas e que também os dados externos ao texto, as informações históricas, sociológicas, psicológicas, biográficas etc. sejam importantes, é essencial, para a realização do processo de interpretação, que busquemos perseguir a totalidade que o texto encerra em si mesmo a partir do trabalho estético; para fazer isso, precisamos procurar entender o modo como as palavras se organizam no texto.

Muitas vezes, nos preocupamos apenas com *o que* o texto nos diz e deixamos de lado o *como* ele nos diz. É necessário perceber a *forma* como o autor articula as estruturas literárias (rimas, ritmo, imagens, figuras, narradores, personagens, tempo e espaço etc.) para que entendamos todo o conjunto do texto literário e, assim, compreendamos o que o texto nos diz. Enfim, é importante compreender que, no texto, como na vida, forma e conteúdo jamais se separam. Não existe forma sem conteúdo, e mais, a forma é sempre a manifestação de um conteúdo determinado, de uma matéria que vem da realidade e que determina o modo de ser da forma literária.

Referências

BASTOS, Hermenegildo; ARAÚJO, Adriana (org.). *Teoria e prática da crítica literária dialética*. Brasília: Editora Universidade de Brasília, 2011.

CANDIDO, Antonio. "Crítica e sociologia", *in: Literatura e sociedade*. Rio de Janeiro: Ouro sobre Azul, 2010.

______. "O destino das palavras no poema" e "A natureza da metáfora", *in: O estudo analítico do poema*. São Paulo: Humanitas, 2004.

______. "O direito à literatura", *in: Literatura e formação da consciência*. São Paulo: Escola Nacional Florestan Fernandes, 2007.

______. *Literatura e sociedade*. Rio de Janeiro: Ouro sobre Azul, 2010.

______. *Na sala de aula*. São Paulo: Ática, 2001.

______. "Realidade e realismo (via Marcel Proust)", *in: Recortes*. Rio de Janeiro: Ouro sobre Azul, 2004b, p. 135-142.

FREDERICO, Celso. *A arte no mundo dos homens*. O itinerário de Lukács. São Paulo: Editora Expressão Popular, 2013.

LUKÁCS, György. "Introdução aos escritos estéticos de Marx e Engels, *in:* MARX, Karl e ENGELS, Friedrich. *Cultura, arte e literatura: textos escolhidos*. São Paulo: Expressão Popular, 2010.

______. "Narrar ou descrever", *in: Marxismo e teoria da literatura*. Seleção, apresentação e tradução de Carlos Nelson Coutinho. São Paulo: Expressão Popular, 2010.

______. "O naturalismo da oposição popular", *in: O romance histórico*. São Paulo: Boitempo, 2011, p. 253-271.

PARTE 2

LITERATURA, TERRA E PROJETO DE NAÇÃO

Ana Laura dos Reis Corrêa
Bernard Hermam Hess
Deane Maria Fonsêca de Castro e Costa
Maria Aparecida Fonte Gomes
Marivani da Silva Martins Adler
Paulo Cesar da Costa
Tiago Andrea Sottilli

Universalização da literatura e mercado mundial

A literatura na forma que hoje a conhecemos é relativamente recente em certo sentido. Nas sociedades pré-capitalistas não havia o sistema artístico especializado que hoje caracteriza a linguagem literária, assim como não havia um distanciamento dela em relação à estrutura social, à religião, à política e aos processos de produção. A literatura, em sua origem, estava profundamente ligada à vida cotidiana. Na Antiguidade Clássica, a poesia era o discurso predominante, por ela se expressava a religião, a magia, a lei, a medicina; apenas com o surgimento da moeda, do alfabeto grego e da cidade grega (*polis*) é que outro discurso, o filosófico, começou a surgir e a disputar espaço com a poesia. Também na Idade Média, a literatura, assim como toda arte, esteve tão intimamente ligada à visão de mundo da Igreja católica de então que nem mesmo se constituía como uma expressão efetivamente diferenciada do ponto de vista artístico. *A divina comédia*, de Dante, e *D. Quixote*, de Cervantes, são duas obras do final desse período que anunciam a chegada da Idade Moderna, quando a literatura começa a se tornar autônoma, isto é, nem estava mais entranhada nos vários setores da vida e tampouco veiculava uma única e específica perspectiva de mundo.

A literatura passa a constituir um discurso próprio que busca se diferenciar dos demais para sobreviver, formando assim um setor autônomo em relação ao mundo, mas, ao mesmo tempo, esse discurso começa a se universalizar. E como se dá isso? Por meio do mercantilismo, inicia-se um processo de europeização do mundo e, junto com as caravelas europeias, chega a Ásia, África e Américas a literatura europeia com os sonetos, as epopeias e o teatro, de Shakespeare, Camões e seus modelos.

Assim, a literatura se alia à universalização do modo de produção dominante na Europa, o capitalismo mercantil, agrário e industrial, mas, ao mesmo tempo, se diferencia dele como forma que pretende estar em terreno próprio. Para entender a chegada da literatura ao Brasil, é importante compreender a expansão do mercado e sua profunda ligação com a universalização da literatura, tão claramente exposta por Karl Marx e Friedrich Engels, no seu *O manifesto comunista*:

> Pela exploração do mercado mundial a burguesia imprime um caráter cosmopolita à produção e ao consumo em todos os países. [...] Em lugar das antigas necessidades, satisfeitas pelos produtos nacionais, nascem novas necessidades, que reclamam para sua satisfação os produtos das regiões mais longínquas e dos climas mais diversos. Em lugar do antigo isolamento de regiões e nações que se bastavam a si próprias, desenvolvem-se um intercâmbio universal, uma universal interdependência das nações. E isto se refere tanto à produção material quanto à produção intelectual. As criações intelectuais de uma nação tornam-se propriedade comum de todas. A estreiteza e o exclusivismo nacionais tornam-se cada vez mais impossíveis; das inúmeras literaturas nacionais e locais, nasce uma literatura universal. (1999, p. 14 e 15)

A literatura ajuda a entender o Brasil, um país que nasce torto

Com a europeização do mundo e a universalização do capital mercantil, a literatura europeia chega ao Brasil como arma do colonizador e, ao mesmo tempo, como força civilizadora. A literatura brasileira vai sendo forjada na mesma bigorna e ao mesmo tempo que é forjado esse povo que surge nas entranhas de uma terra vista pela Europa como exuberante, selvagem e bárbara. Uma terra que encantava e aterrorizava o europeu.

O Brasil nasce como moeda de troca, ele é mercadoria a ser consumida pelos europeus, numa mistura de barbárie e glória. Essas contradições e dilemas da formação nacional, que resultaram na configuração de um país que nasce torto, podem ser expressos, reconhecidos e questionados, para serem superados pelos próprios brasileiros, que os vivem sem os conhecer de fato, nas estruturas e formas da literatura brasileira. Mesmo quando está falando de amor, da terra, ou de qualquer outro tema está sempre expressando na forma de organização do texto esses dilemas do modo de ser brasileiro.

A literatura brasileira é uma literatura de dois gumes

A literatura brasileira formou-se a partir de um processo de imposição decorrente da própria colonização. Nós, brasileiros, não escolhemos ou criamos nossas formas literárias, assim como não criamos nossa língua. A literatura, no Brasil, surge, de um lado, como esforço de afirmação do projeto colonizador, reforçando os valores e ideais europeus e reverenciando as formas estéticas importadas e, de outro, debruçando-se intensamente sobre a realidade natural e social que constituía aqui um novo país. Como nosso país surgiu a partir de um processo de colonização, ele mesmo contraditório, ao mesmo tempo civilizador e bárbaro, quando se desenvolveu aqui a literatura, ela seguia os modelos impostos da literatura europeia. Isso também porque não existiam outros modelos disponíveis para a produção literária em terras brasileiras, uma vez que a produção cultural indígena na colônia era oral e não consolidara estruturas expressivas suficientemente fortes para rivalizar com as formas da metrópole, já consolidadas, eruditas e tão dominantes quanto a ação colonizadora.

Assim, as primeiras produções literárias no Brasil pretendiam se incluir e se apropriar das técnicas literárias universalmente consagradas para fazer parte de um sistema expressivo dominante e universal. Essa inclusão na literatura universal que pedia a repetição dos modelos europeus era também uma forma de reproduzir e confirmar as armas do colonizador, cujo modo de vida a classe dominante local pretendia reproduzir.

Entretanto, ao reproduzir as formas literárias europeias, as produções literárias dos poetas brasileiros acabavam por modificar as formas originais, inserindo nelas elementos advindos da realidade local, tão adversa em relação às formas que expressavam a vida europeia. Dessa forma, os elementos que estavam sendo destruídos pela colonização portuguesa encontravam nas formas literárias um espaço de expressão que já não existia na vida concreta sob a violência da colonização.

Literatura brasileira e empenho

O empenho é um sentimento de missão que marcou a formação de nossa literatura já no período colonial, no Arcadismo, e, principalmente, após a Independência, com o Romantismo. O sentido de missão, que esteve tão presente no início da literatura brasileira, também foi importante para que a literatura fosse se configurando aqui como um *sistema* no qual se articulavam autores, obras e o pequeno público nascente. Assim, o destino da literatura se afastava da produção de manifestações literárias isoladas e se aproximava da possibilidade de se formar como um todo coeso – *o sistema literário brasileiro* –, baseado em uma tradição pela qual se poderia acumular a produção de um momento (colônia) para o outro (independência) sem que se perdessem os avanços alcançados e superando-se os equívocos anteriores.

O empenho correspondia ao desejo dos brasileiros, representados pela pequena elite intelectual da época, de ter uma literatura; desejo que expressava a necessidade da colônia e do país recém-independente de superar a condição de inferioridade, dependência cultural e econômica, em relação à metrópole. O empenho, portanto, pode ser entendido como o compromisso da literatura com a realidade local.

No período colonial, esse empenho começava a se esboçar pelo sentimento de nativismo por meio do qual a natureza rústica da terra, os penhascos de Minas, e o atraso da sociedade local se faziam presentes em contraponto à natureza refinada e europeia dos sonetos e poemas épicos do Arcadismo. No período da independência, o caráter empenhado tornou-se elemento central da produção literária romântica que se voltava quase inteiramente para a formação do Brasil como uma nação soberana. Por isso, a exaltação das grandezas naturais da terra e a idealização do indígena como símbolo maior do nacionalismo estavam tão fortemente presentes como expressão da cor local na literatura e serviam como forma de criar um passado glorioso, mas inexistente, para a ex-colônia, e anunciar um futuro promissor e grandioso para o país novo.

Pelo empenho, a literatura foi ocupando um papel essencial na sociedade brasileira, ainda tão incipiente naquele momento, pois, por meio dela, o atraso cultural, econômico, social e institucional encontrava uma forma de compensação artística. O empenho ainda foi responsável pela configuração de uma contradição constitutiva de nossa literatura que oscilava entre o senso do concreto e a transfiguração da realidade. Graças ao caráter empenhado da literatura, os poetas procuravam inserir a realidade local em suas obras, que ficavam marcadas, então, pelo tom documental de registro da terra, por outro lado, pelo mesmo empenho, os componentes da terra eram transfigurados pela exaltação poética necessária à glorificação nacional.

Consciência literária em país periférico

A condição de país periférico, refletida artisticamente na literatura, encontra-se ligada à noção de dependência cultural e econômica. A consciência dessa condição se deu no campo literário de diferentes formas. No período romântico, quando vigorava a ideia de "país novo", buscavam-se formas de compensar o atraso pela ilusão de que as riquezas naturais do país já indicavam por si só a superação da condição de dependência da nação. Afirmava-se a ideia de que esta condição dependente era circunstancial, o que evidenciava um otimismo em relação à superação do atraso. Na produção literária isso correspondeu ao que se chamou de *consciência amena do atraso*. Antes de se consolidar o *sistema literário brasileiro*, essa consciência, presente na literatura empenhada, vai se modificando, até chegar o momento em que a produção literária nacional amadurece o suficiente para expressar esteticamente que a transformação do país não iria acontecer assim tão facilmente como se propagandeava. Sendo assim, ela se manifesta como *consciência catastrófica do atraso*, ao perceber o caráter estrutural e crônico do atraso como consequência da situação de subdesenvolvimento a que estava submetido o país, apesar de ainda existir algum empenho na formação política do Brasil.

Ao se desgrudar do empenho, naquilo em que ele se configurava como culto à cor local, a literatura ganha maior eficácia estética e liberdade artística, desvencilhando-se da consciência guiada estritamente pelo empenho que aferrava a imaginação criadora e a fantasia ao exótico e ao documental. O *sistema literário* vai se complexificando à medida que a sociedade se complexifica e suas formas estéticas também. O empenho de formar a nação não existia mais como razão de ser primeira da produção literária.

Portanto, de forma complexa, vai surgindo a *consciência dilacerada do atraso* em nossa literatura, pela qual o escritor percebe seu envolvimento ou o da literatura com o atraso crônico em que está imersa a nossa sociedade. Nesse momento da produção da literatura brasileira, o regional não se restringe à cor local e não se propõe diretamente à discussão de problemas sociais de áreas específicas do país. A partir das formas anteriores de regionalismo, a literatura universaliza o regional e a forma estética se torna mais refinada, há mais resolução estética, ou seja, ao mesmo tempo que se torna forma de consciência do atraso nacional, a literatura amadurece em suas formas, o que atesta o exercício de um trabalho livre, em oposição ao trabalho mecânico e alienado, aquele que reproduz a sociedade; a criação literária propõe a recriação do mundo que pode ser reorganizado em outras bases.

O surgimento do romance no Brasil e a ocupação literária da terra

Segundo Roberto Schwarz, crítico literário brasileiro, o romance surgiu no Brasil antes que existissem aqui os romancistas. Isso indica como as formas literárias produzidas na Europa, e universalizadas à medida que o capitalismo se universalizava a partir da colonização, foram adotadas pelos intelectuais periféricos. Entretanto, tal adoção só teve força real porque a forma do romance, embora intimamente relacionada à ascensão da burguesia europeia, encontrou no país condições fecundas para sua implantação e desenvolvimento. O romance, no período do Romantismo, teve função essencial para o caráter empenhado da literatura, uma vez que, por meio dele, nossos romancistas iniciantes construíram gradativamente uma visão literária unificada de país.

Em uma terra de dimensões continentais e de instituições sociais precárias, o romance foi uma forma artística que expressava o intento dos escritores brasileiros de alcançar as diversas regiões do Brasil. Desde os sertões remotos, passando pelos pampas, até chegar aos centros urbanos, e incluindo até mesmo o passado indianista inventado pelos escritores brasileiros, graças ao romance foi se formando uma percepção do país como unidade que trazia aos leitores urbanos as realidades mais distantes dos seus quatro cantos.

Assim, a produção romanesca no Brasil foi ocupando literariamente a terra, alcançando os territórios mais distantes e povoando-os com os personagens que os representavam. Essa vocação extensiva do romance no Brasil foi um dos fatores que impediram a separação territorial e política do país. A imagem que hoje se firmou para o conjunto do povo brasileiro acerca da unidade nacional está, em grande parte, associada à configuração do romance que apresentava o Brasil aos brasileiros.

Consolidação do sistema literário brasileiro e desagregação nacional

Sabemos que, no Brasil, a literatura aqui formada se deu em descompasso com a possibilidade da realização da nação proclamada pela elite empenhada na construção de uma literatura brasileira. No entanto, é justamente a partir desse descompasso que a própria literatura contraditoriamente se forma. À medida que os autores vão se dando conta do caráter ilusório da promessa de um futuro nacional soberano, ou seja, da impossibilidade de tal promessa se cumprir, a literatura se consolida como sistema.

Machado de Assis produz uma obra apoiada não apenas nos modelos estrangeiros, mas também nas produções anteriores do romance produzido no Brasil por Manuel Antônio de Almeida e José de Alencar, por exemplo. Isso demonstra como se solidificavam os vínculos internos entre os escritores nacionais, assinalando a existência de uma tradição interna capaz de, junto aos modelos estrangeiros, propiciar a formação de um escritor da força de Machado de Assis. Na obra machadiana, o empenho anterior, calcado na valorização da cor local, se transforma em algo mais profundo: um sentimento íntimo de país que possibilitou a criação de um modelo de representação literária do Brasil em sua condição periférica, mas expresso em uma forma estética à altura dos modelos buscados pelas gerações de escritores dos períodos anteriores. A obra de Machado consolida, portanto, a literatura brasileira como um sistema, exatamente quando deixa ver que, embora a literatura tenha se formado, não foi possível consolidar a soberania nacional.

O personagem popular brasileiro na literatura

O personagem popular sempre esteve presente na literatura brasileira de maneiras diferentes. Sem ele não seria possível fazer a representação estética literária do Brasil. Desde os primeiros autores e suas manifestações literárias, anteriores à formação do sistema literário brasileiro, o personagem popular foi representado, mas ainda como parte da natureza exuberante aqui existente. Ele aparecia no texto literário pelo olhar do colonizador: era o indígena, tão diferente do homem civilizado europeu e encarado de forma exótica, tão passível de ser explorado quanto a natureza da qual fazia parte. Por muitas vezes este personagem era confundido com a própria natureza da terra. Essa tendência permaneceu na literatura empenhada do Arcadismo e do Romantismo, pois o projeto político de nação, ao qual a literatura se aliava, não tinha o personagem popular como elemento central. O indígena, transfigurado em representante maior da nacionalidade pela poesia indianista, continuava sendo apresentado como elemento exótico, mas, no Romantismo, esse exotismo estava a serviço da formação da literatura e da própria nação.

Enquanto o exotismo dos primeiros cronistas desconsiderava o indígena como ser social e humano, o Indianismo romântico o elevava à categoria de herói nacional. Com o regionalismo romântico, outros personagens populares além do indígena foram inseridos na composição estética da nação que o Romantismo pretendia criar: o sertanejo, o gaúcho, o cangaceiro, o escravo e os personagens urbanos, como as prostitutas, os agregados, os malandros etc. No entanto, essa inserção era feita de forma pitoresca, ou seja, caricaturando e/ou estereotipando esses personagens e a própria nação que eles representavam.

A partir dessa tradição romântica, Machado de Assis compôs seus romances e contos nos quais a representação do personagem popular ganhava gradativamente tamanha força estética a ponto de se tornar um modelo de representação realista do Brasil. Superando a visão pitoresca do regionalismo, a literatura urbana de Machado inicialmente apresentava um narrador em terceira pessoa que se posicionava de maneira séria ao lado dos personagens "de baixo"; posteriormente a narrativa machadiana inverte a perspectiva de visão, adotando o foco narrativo na primeira pessoa e assumindo a posição dos "de cima", mas de maneira irônica e crítica. Dessa forma, Machado dava a ver esteticamente a verdadeira face do nosso projeto de nação, no qual o personagem popular, tão idealizado no Romantismo, ocupava na realidade o lugar do espoliado.

No século XX, a partir do legado literário anterior, não é mais possível o regionalismo pitoresco e ufanista, embora ainda persista na geração inicial do Modernismo (1922) uma visão otimista das classes populares na sociedade brasileira. Essa visão é contraposta pelo romance social de 1930, no qual a consciência do subdesenvolvimento apresenta o personagem popular na dimensão política dos conflitos concretos do país.

Todo esse percurso afirma o quanto a presença do personagem popular foi decisiva para o amadurecimento estético da representação literária no Brasil. A maturidade literária permitiu que a representação do personagem popular na narrativa e na poesia brasileira se formalizasse de maneira problematizadora e profunda: seja na relação entre o narrador e o vaqueiro Fabiano que "negociam" entre si na composição de *Vidas Secas*, de Graciliano Ramos; seja no aproveitamento que Guimarães Rosa faz do antigo pitoresco para, por meio dele, reapresentar, em *Grande Sertão: Veredas*, o personagem popular em dimensão universal e não apenas regional; seja pelo mergulho de Carlos Drummond de Andrade nas inquietudes do eu lírico para chegar no outro de classe do poeta.

Terra e literatura

O Brasil nasce como grande latifúndio da Europa. As terras colonizadas se apresentavam para a metrópole como fonte de extração de matéria-prima. Sob o olhar do colonizador, a terra aparecia como a principal mercadoria da qual se extraíam riquezas naturais, como pau-brasil e ouro, e na qual se produziam grandes monoculturas como as da cana-de-açúcar, do café, do algodão. A posição central da terra no processo de colonização do Brasil, como forma de afirmação do poder político da metrópole, se fazia sentir claramente nas primeiras manifestações literárias que falavam da colônia e a descreviam detalhadamente, por meio de crônicas e, depois, de poemas, cujos versos eram muitas vezes uma lista de mercadorias (animais, frutas e minérios) emolduradas pelas formas da poesia europeia que enalteciam a exuberância do "mercado" a ser explorado pelo colonizador. Quando o sistema literário brasileiro começa a se esboçar, uma vez que um grupo de poetas árcades passa a produzir para um conjunto restrito de intelectuais formados na metrópole, do qual esses poetas também faziam parte, é que a terra começa a figurar na literatura como um modelo de representação um pouco diferenciado daquele implantado pelo colonizador.

No contexto da Inconfidência, nossos poetas árcades, apesar de ainda não vislumbrarem o horizonte da independência política, questionavam o caráter espoliador da colonização portuguesa. Na produção literária, essa conjuntura política tomava forma estética pelo confronto entre localismo e cosmopolitismo, que se expressava de forma aguda na poesia árcade pela relação entre a rusticidade da terra e o refinamento poético das formas importadas do classicismo europeu. A terra foi, então, elemento constitutivo da literatura brasileira desde o seu início, inserida nos temas e, sobretudo, na estrutura organizativa das obras que buscavam adequar a natureza hostil do país às tonalidades e cores do verso europeu; mas nesse processo algo destoava e deixava ver o conflito desses mesmos poetas, que, em última instância, era o próprio conflito gerado pela ação colonizadora.

Com a independência, a posição central da terra na produção literária nacional torna-se ainda mais marcante, pois a terra passa a estar intimamente ligada à perspectiva de nação. Assim, a exaltação da pátria se traduz literariamente na louvação poética e transfiguradora da terra, que, com suas grandezas e riquezas naturais, recebe tratamento ufanista, isto é, expressando um orgulho patriótico exagerado, que visa compensar o atraso e a dependência insuperável do país periférico em relação aos países centrais da Europa. A terra, em sua dimensão política de nação, se inscreve na forma literária brasileira de maneira tão decisiva que ela se configura quase como um personagem, fundindo-se, inúmeras vezes, com o corpo das mulheres nativas, como Iracema de cabelos tão negros quanto a asa da graúna, personagem que dá título ao romance de José de Alencar; ou na mulata Rita Baiana, personagem de *O cortiço*, que é apresentada como uma síntese de tudo que, nas matas brasileiras, encantava e seduzia o português: o aroma quente dos trevos e das baunilhas, o sapoti mais doce que o mel, a castanha de caju, a cobra verde, a lagarta viscosa e a muriçoca doida. Nessas fusões, reaparecem as antigas mercadorias fundidas à forma sedutora do corpo feminino; a sensualidade de que tais mercadorias da terra se revestem no texto literário deixa ver o mecanismo histórico que se relaciona à própria produção de mercadorias no interior do capitalismo. Os produtos do trabalho humano no capitalismo tornam-se mercadoria quando o próprio homem que o produziu já não pode se reconhecer nesses produtos, que parecem existir por si mesmos.

Os elementos da terra, na configuração poética que alcançou na literatura, muitas vezes, se mostravam como frutos da natureza que brotavam espontânea e fantasiosamente, sem que se pudesse ver, por trás deles, o trabalho humano responsável por sua produção: o trabalho dos escravos e de agricultores, como o do personagem Supriano, do conto "A enxada", de Bernardo Élis, em que o agricultor espoliado até mesmo da ferramenta mais rústica do trabalho, a enxada, deve plantar o arroz até uma data determinada pelo patrão e dono da terra; Supriano se mistura à terra no gesto de ará-la com as próprias mãos, dilaceradas pelo trabalho, de forma tão desesperada que chega ao ponto de quebrar os próprios ossos das mãos. Esse conto foi produzido em um momento de maturidade da literatura, em que, na representação literária da terra, a fusão entre terra e personagem começa a dar lugar a uma expressão poética mais profunda e radical que envolve a fusão entre a terra e o texto literário.

Quando pensamos a literatura brasileira como um sistema consolidado, entendemos que ela se constituiu como um todo que se formou em um país impedido de se formar, porque não conquistou sua soberania como nação, não integrou todos os brasileiros nos processos de modernização e cidadania, não construiu um projeto de nação efetivamente popular, com distribuição igualitária e justa de renda e de bens culturais, não concretizou uma reforma agrária imperiosa desde a origem latifundiária e escravagista do país.

Nesse país torto e ainda dividido tão severamente entre ricos e pobres, a literatura foi uma das poucas produções nacionais que se consolidou como modelo de representação profundo e contínuo dos dilemas e contradições desse mesmo povo. Ela é, portanto, como a terra, propriedade do povo brasileiro, lugar onde ele tem a possibilidade de se reconhecer como sujeito histórico que tem o direito de se confrontar com suas contradições para buscar a sua emancipação.

No corpo do texto, feito de palavras, terra e literatura se encontram, uma vez que a produção literária no Brasil, desde o seu início, nunca deixou de se ocupar, como ponto central e contradição máxima do seu modelo de representação artística, da terra e do povo ao qual ambas, terra e literatura, pertencem por direito, mas não de fato. Essa literatura, que, ao longo da sua formação como sistema, ocupava literariamente a terra, também é território em disputa e deve chegar às mãos daqueles a quem ela se destina.

Referências

ASSIS, Machado de. "Notícia atual da literatura brasileira: instinto de nacionalidade", *in: Obra Completa*. Rio de Janeiro: Nova Aguilar, 1994.

BASTOS, Hermenegildo. "A literatura brasileira, a ocupação da terra e o despojo: comentários ao 'deslocamento da imaginação no espaço' de um capítulo da Formação", *in: Água viva. Revista de estudos literários*. Brasília: UnB, 2009.

______. "Formação e representação", *in: Cerrados*. Brasília: UnB, n. 21, ano 15, 2006.

BUENO, Luís. "Guimarães, Clarice e antes", *in: Revista Teresa*. São Paulo: USP, n. 2, 2001.

CANDIDO, Antonio. "Aparecimento da ficção", *in: Formação da literatura brasileira. Momentos decisivos*. Rio de Janeiro: Ouro sobre Azul; São Paulo: Fapesp, 2009.

______. "De cortiço a cortiço", *in: O discurso e a cidade*. São Paulo: Duas Cidades, 1998.

______. "Dialética da malandragem", *in: O discurso e a cidade*. São Paulo: Duas Cidades, 1998.

______. "Introdução", *in: Formação da literatura brasileira. Momentos decisivos*. Rio de Janeiro: Ouro sobre Azul; São Paulo: Fapesp, 2009.

______. "Literatura de dois gumes", *in: A educação pela noite e outros ensaios*. São Paulo: Ática, 2000.

______. "Literatura e subdesenvolvimento", *in: A educação pela noite e outros ensaios*. São Paulo: Ática, 2000.

______. "O direito à literatura", *in: Vários escritos*. Rio de Janeiro: Ouro sobre Azul/São Paulo: Duas Cidades, 2004.

______. *Formação da literatura brasileira. Momentos decisivos*. Rio de Janeiro: Ouro sobre Azul; São Paulo: Fapesp, 2009.

______. *Iniciação à Literatura Brasileira*. São Paulo: Humanitas Publicações, 1997.

______. *Literatura e sociedade*. Rio de Janeiro: Ouro sobre Azul, 2010.

______. *Na sala de aula*. São Paulo: Ática, 2001.

______. *O estudo analítico do poema*. São Paulo: Humanitas, 2004.

MARX, Karl e ENGELS, Friedrich. O *manifesto comunista*. Rio de Janeiro: Paz e Terra, 1999.

SCHWARZ, Roberto. "A importação do romance e suas contradições em José de Alencar", *in: Ao vencedor as batatas*. São Paulo: Duas Cidades / Ed. 34, 2000.

______. "As ideias fora do lugar", *in: Ao vencedor as batatas*. São Paulo: Duas Cidades / Ed. 34, 2000.

______. "Complexo, moderno, nacional e negativo", *in: Que horas são?* São Paulo: Companhia das Letras, 1987.

______. "Nacional por subtração", *in: Que horas são?* São Paulo: Companhia das Letras, 1987.

______. "Pressupostos, salvo engano, de 'dialética da malandragem'", *in: Que horas são?* São Paulo: Companhia das Letras, 1987.

______. *Um mestre na periferia do capitalismo*. São Paulo: Duas Cidades / Ed. 34, 2000.

PARTE 3

ANÁLISES LITERÁRIAS

"OBJETOS CONFUSOS, MAL REDIMIDOS DA NOITE": UMA LEITURA DE "MORTE DO LEITEIRO", DE CARLOS DRUMMOND DE ANDRADE

Alexandre Pilati

"Morte do leiteiro" é um longo poema do livro *A rosa do povo*, o qual se insere num quadro literário mais amplo, que abarca os anos 1930 e 1940, impondo aos poetas a necessidade de posicionamento diante de acontecimentos como a expansão do fascismo, a guerra de Espanha, a Guerra Mundial. Segundo Simon (1978), este livro é o clímax da poesia participante de Drummond e significa muito pelo fato de dar forma à consciência dilacerada pelas crises do tempo presente à sombra da consciência mais profunda da crise da poesia. Assim, o livro assume uma antinomia básica, que se liga à imposição de participação a um instrumento que se recusa a ser comunicação prática.

Dada essa necessidade de comunicação, em todo o mundo, vê-se aparecer um modo poético cuja forma pressupõe um leitor não especialista. Simon (1978) enumera uma série de autores e críticos que constataram a importância de atuar poeticamente contra um jargão anticomunicativo. A autora cita, por exemplo, Michel Hamburger que, em *A verdade da poesia*, chamará esse movimento global de "nova antipoesia", ou seja, uma poesia que dada a urgência de intervenção precisava aproximar-se formalmente da prosa e de temas prosaicos.

No caso de Drummond, segundo Simon (1978), verifica-se, em A rosa do povo, que o poeta se dedicou ao exercício de algo que se sintoniza com essa poesia impura, mas com características peculiares que nos deixam ver, ademais da sintonia com o movimento universal, alguns traços literários individuais que compõem a nota brasileira da sua poética participante. Entre esses traços, talvez os mais significativos sejam:

- deslizar para a prosa, por meio de versos longos, sintaxe lógico-discursiva, carga referencial, que,
- no entanto, exclui a dicção coloquial;
- rigorosa observação da norma e da correção gramatical de sua linguagem;
- recusa do despojamento metafórico, num certo aferramento à tradição lírica com seu alfabeto poético consagrado;
- a afirmação da perda como motor poético;
- entrega da poesia à inescapável força da subjetividade.

Segundo Simon (1978), *A rosa do povo* é um livro curioso, pois ao mesmo tempo que evidencia a necessidade de comunicação pela arte, realiza-se a negação da poesia como assunto, da poesia temática e celebrativa. A conclusão de Simon é a de que a forma geral do livro, então, mostra riscos e dilemas do trabalho do próprio poeta. Em *A rosa do povo* aparece ao leitor um eu hesitante, inquieto, entre forma e comunicação, entre fechamento e abertura do discurso, ou entre palavra coisa e palavra signo.

Uma representação forte do trabalho e do país encontra-se em "Morte do leiteiro". No longo poema narrativo, encontram-se as características referidas: o deslizar para a prosa, a correção gramatical livre de coloquialismos, o aferramento a uma já passadista tradição poética (especialmente na última estrofe), a perda como motivo catalisador do poema e a luta com a tirania da subjetividade:

Morte do leiteiro

A Cyro Novaes

Há pouco leite no país,
é preciso entregá-lo cedo.
Há muita sede no país,
é preciso entregá-lo cedo.
Há no país uma legenda,
que ladrão se mata com tiro.

Então o moço que é leiteiro
de madrugada com sua lata
sai correndo e distribuindo
leite bom para gente ruim.
Sua lata, suas garrafas
e seus sapatos de borracha
vão dizendo aos homens no sono
que alguém acordou cedinho
e veio do último subúrbio
trazer o leite mais frio
e mais alvo da melhor vaca
para todos criarem força
na luta brava da cidade.

Na mão a garrafa branca
não tem tempo de dizer
as coisas que lhe atribuo
nem o moço leiteiro ignaro,
morados na Rua Namur,
empregado no entreposto,
com 21 anos de idade,
sabe lá o que seja impulso
de humana compreensão.
E já que tem pressa, o corpo
vai deixando à beira das casas
uma apenas mercadoria.

E como a porta dos fundos
também escondesse gente

que aspira ao pouco de leite
disponível em nosso tempo,
avancemos por esse beco,
peguemos o corredor,
depositemos o litro...
Sem fazer barulho, é claro,
que barulho nada resolve.

Meu leiteiro tão sutil
de passo maneiro e leve,
antes desliza que marcha.
É certo que algum rumor
sempre se faz: passo errado,
vaso de flor no caminho,
cão latindo por princípio,
ou um gato quizilento.
E há sempre um senhor que acorda,
resmunga e torna a dormir.

Mas este acordou em pânico
(ladrões infestam o bairro),
não quis saber de mais nada.
O revólver da gaveta
saltou para sua mão.
Ladrão? se pega com tiro.
Os tiros na madrugada
liquidaram meu leiteiro.
Se era noivo, se era virgem,
se era alegre, se era bom,
não sei,
é tarde para saber.

Mas o homem perdeu o sono
de todo, e foge pra rua.
Meu Deus, matei um inocente.
Bala que mata gatuno
também serve pra furtar
a vida de nosso irmão.
Quem quiser que chame médico,

polícia não bota a mão
neste filho de meu pai.
Está salva a propriedade.
A noite geral prossegue,
a manhã custa a chegar,
mas o leiteiro
estatelado, ao relento,
perdeu a pressa que tinha.

Da garrafa estilhaçada,
no ladrilho já sereno
escorre uma coisa espessa
que é leite, sangue... não sei.
Por entre objetos confusos,
mal redimidos da noite,
duas cores se procuram,
suavemente se tocam,
amorosamente se enlaçam,
formando um terceiro tom
a que chamamos aurora.

Podemos aproximar o poema de algumas afirmações do Lukács de *História e consciência de classe*:

> A separação do produtor dos seus meios de produção, a dissolução e a desagregação de todas as unidades originais de produção etc., todas as condições econômicas e sociais do nascimento do capitalismo moderno agem nesse sentido: substituir por relações racionalmente reificadas as relações originais em que eram mais transparentes as relações humanas. (Lukács, 2003, p. 207)

A nosso ver, "Morte do leiteiro" trata precisamente dessa racionalização reificadora e das possibilidades ou impossibilidades de restituição das relações humanas plenas no cotidiano capitalista. O leitor está diante da narrativa de um assassinato, não apenas do leiteiro, mas também de possibilidades de oposição à reificação. O poema tem a progressão organizada no sentido de um penetrar paulatino na subjetividade. Iniciado com orações sem sujeito, termina com a profunda dor íntima advinda do dilema em que se encontram tanto o leiteiro quanto o narrador de sua história. Há, portanto, uma multiplicidade organizada de vozes que aludem a setores diversos da sociedade brasileira.

A primeira estrofe é feita daquilo que se poderia nomear por "legendas", seguindo o termo utilizado pelo próprio poeta. São frases feitas de impessoalidade, mas que, por sua vez, marcam e determinam a vida organizada socialmente que se apresentarão nos versos seguintes. As orações sem sujeito evidenciam traços básicos do Brasil capitalista. Evidencia-se a grande necessidade de produção, por um lado e, por outro, a escassez do leite que é pouco para o país tão grande. A expressão "é preciso", dessa forma, concatena, atritadas, duas urgências: a de produção que mova o motor capitalista e a de justiça social. Os últimos versos fecham o quadro nacional com a alusão à violência e à necessidade de "salvar a propriedade". Arma-se uma equação crítica com tais legendas, que colocam em um mesmo patamar a desigualdade social, a propriedade, a produção excedente, a violência. Sendo orações sem sujeito, o homem não participa delas, mas elas condicionam sua vida como se verá nos versos seguintes. Legendas, assim, são formas reificadas da ideologia do trabalho, fraturadas pela organização dos elementos estruturantes poema.

Por outro lado, poder-se-ia ressaltar a relação entre essas vozes e a voz do narrador. Se elas são enunciadas por um sujeito ausente, são repetidas pelo narrador, que, de certa forma, toma posse delas e assume-as também como suas, numa atitude assumidamente, dúbia que é bem drummondiana. Assim, a impessoalidade levada ao extremo nas frases que iniciam o poema pode ser também marca indelével da cumplicidade entre o narrador e essas mesmas legendas. Entretanto, de um modo bastante sutil, o trabalho do narrador também está posto em cheque desde o início e assim se fará durante todo o poema: o trabalho literário e o trabalho do leiteiro, segundo nossa hipótese, serão contrapostos ao longo da narrativa.

Vale lembrar aqui outro aspecto interessante acerca da palavra "legenda", que pode significar também a narrativa de um martírio de santo, destinado à leitura pública nos mosteiros, conventos e igrejas. Daí se conclui o seu caráter exemplar. Na sua origem latina, a palavra deriva de *legendus* que é "o que deve ser lido".[1] "Deve" aqui exprime tanto o sentido do dever quando o sentido da necessidade, o que é reforçado pelo "é preciso" repetido nos versos. O termo legenda, assim, ganha, a consistência daquilo que deve ser lido ou repetido socialmente, mas que também encerra a narrativa de um martírio. O que se vê de fato no desenrolar do poema é a narrativa de um martírio condicionado pelas frases apresentadas no início do texto, que funcionam como um, por assim dizer, "cabeçalho político" do texto.

O termo "então", que inicia a segunda estrofe, mostra que talvez, dada a construção do cenário social a partir das legendas, não haja outra saída a não ser narrar um martírio. É uma conexão lógica e conclusiva da qual não se pode fugir. E a narração começa com algumas características muito expressivas. Contrariamente à primeira estrofe, a segunda exibe claramente o sujeito. Trata-se, todavia, de um sujeito cuja humanidade é precarizada. Conforme Lukács (2003, p. 209): "é típico da estrutura de toda a sociedade que essa auto-objetivação, esse tornar-se mercadoria de uma função do homem revelem com vigor extremo o caráter desumanizado e desumanizante da relação mercantil".

O personagem do martírio não é nomeado por substantivo próprio, mas pela palavra que lhe indica a função

1 Cf. Dicionário Houaiss, em: <http://houaiss.uol.com.br>.

na divisão do trabalho. Sabe-se que é leiteiro, que é moço e que vem do último subúrbio. De qualquer forma, é um personagem que invade um espaço que não lhe pertence e, por isso, pagará caro, ainda que esteja cumprindo apenas o seu "trabalho". Os verbos no presente e os gerúndios presentificam a situação e dão à estrofe o tom da imediatez. O leitor enxerga o leiteiro movimentando-se, isso garante vida e expressividade ao personagem. Essa expressividade, por outro lado, é contraposta à falta de voz do leiteiro. Não é ele que anuncia sua própria chegada. A "lata", a "garrafa", os "sapatos de borracha", com sua *voz de coisa*, anunciam aos homens "no sono" o trabalho do leiteiro.

Duas questões aqui parecem substanciais: 1) as coisas é que cantam a exploração e 2) o sono do homens não os deixa ouvir essa voz. A voz das coisas do trabalhador, ao que parece, querem cantar aos homens da cidade sua situação (deles, do leiteiro, do poeta) de coisa entre coisas. Entretanto, a cidade dorme, sonambulizada pela força das legendas e da luta "brava" que a própria exploração do leiteiro alimenta. Embora acordado, o canto (que seria revolucionário, pois poderia dar voz à perspectiva do proletariado) do trabalhador não chega aos homens sonâmbulos graças ao sono da mercadoria. Está sublinhada, assim, a deficitária consciência dos homens da cidade acerca de sua própria condição de explorados e da exploração em geral. O grande apagamento da consciência do "homem de bem" mediano e proprietário consiste no fato de ele sentir-se fora do eixo da exploração, no leito confortável e seguro da propriedade. O leitor poderia concluir que o privilégio de beber o "melhor leite" é, ele próprio, índice de que o homem está incondicionalmente imerso na ordem da mercadoria. Ninguém está livre dela, nem o narrador do texto.

A terceira estrofe talvez seja a mais enigmática do poema. Pode-se tomá-la como a figuração narrativa e poética de uma reflexão sobre os limites da literatura, a qual, por sua vez, também, feito proprietários e explorados, não se livra da lógica da reificação. Não só o leite engarrafado é uma "apenas mercadoria", mas também a própria reflexão presente na poesia. Por isso, expressões como "impulso de humana compreensão" servem para, ao mesmo tempo, unir e afastar o narrador e seu personagem. Nesta estrofe, aliás, pela primeira vez, o poema traz a primeira pessoa evidente.

Atente-se para este fato: trabalho do leiteiro não lhe dá "tempo" de dizer ou compreender as coisas que o poeta lhe atribui. Atribuir nomes às coisas é o trabalho do poeta; narrar para compreender é o trabalho do escritor. São trabalhos de observação do real. Todavia, esses atos só lhe são possíveis, pois há quem venda seu tempo de compreender a humanidade como faz o leiteiro, mas é por meio da figura do leiteiro que o poeta se compreende. Esse trabalho nomeador do poeta, entretanto, não está livre da reificação, pois, afinal de contas, o que é "impulso de humana compreensão" senão uma legenda ou clichê literário? A questão central aqui, portanto, é a do tempo e sua especificidade na divisão social do trabalho. Como vende seu tempo, o leiteiro não tem tempo de compreender sua situação. Mas não se esqueça o leitor de que essa é a perspectiva do narrador, que, conforme declara, não conhece o "ignaro" leiteiro. "Ignaro" pode significar, pela ambiguidade do texto, tanto "desconhecido" como "desconhecedor". Note-se, então, a falta de certeza da narrativa e a exposição sutil do dilema do intelectual em relação ao povo que ele deseja interpretar e a quem quer dar voz. O poema, aqui, na verdade diz: quem é ele? É possível conhecê-lo? O que ele sabe? Como o personagem não fala, é a sua condição de apenas mercadoria que falará. E é isso que deixa o leiteiro à beira das casas e à beira do poema: sua vida reificada, "apenas mercadoria".

Dado o problema cognitivo, a quarta estrofe se arma fazendo alusões a um possível caminhar diverso para a história, um avançar progressista que, é claro, fica abortado na sequência do texto. Sabe-se que a conjunção "e" pode ser lida em certos contextos tanto como conjunção adversativa quanto aditiva. Lida como conjunção aditiva, o leitor deve seguir a quarta estrofe apenas como continuidade do trabalho do leiteiro. Lida como adversativa, ela poderia significar um hipotético desvio da história convencional.

Experimentemos a seguir a validade dessa hipótese. A voz poética na quarta estrofe do poema assume a primeira pessoa do plural, indicando conexão entre leitor, narrador, leiteiro. Trata-se, enfim, de uma saída coletiva ("nosso tempo") para o problema armado na narrativa. Se for possível pressupor que a porta dos fundos esconde alguém necessitado de leite que não pode pagar por ele, o movimento do leiteiro em direção a esse alguém é um movimento de lucidez social e comunitária. Entretanto, é o crime do leiteiro: transformar o leite-apenas-mercadoria em leite, apenas leite, em seu valor de uso, alimento básico para a humanidade. A clandestinidade do movimento distributivo e antimercantil, proposto pelo desvio do leiteiro, está evidente nos termos utilizados pelo narrador: "escondesse", "beco", "sem fazer barulho". Trata-se, pois, de clandestinamente e coletivamente (notem-se os verbos na primeira pessoa do plural) reorganizar o lugar das coisas. Não se trata apenas de entregar o leite a quem não pode pagar, mas sim restituir-lhe seu valor de uso: alimento vital para a espécie humana. Restituir isso à matéria leite é restituir também um pouco da humanidade do próprio leiteiro, do leitor e do narrador. Há uma esperança de transformação, logo, nessa cumplicidade. Reforça essa ideia de abalo na ordem capitalista o fato de que o próprio narrador, num metacomentário, afirma: "barulho nada resolve".

A relação entre narrador e leitor, agora, aprofunda-se e a quinta estrofe marca o retorno da primeira pessoa com um enigmático e dúbio pronome possessivo "meu" aposto a leiteiro. Tal expressão mostra tanto o leiteiro como coisa dentro da narrativa quanto exprime o desejo de interesse e aproximação com o outro de classe. Nesse pronome encerram-se, portanto, todos os impasses que cercam os limites do poeta empenhado em colocar o trabalhador no centro do discurso poético, como fez, por exemplo, o romance da Geração de 30 do Modernismo brasileiro.

O aborto do gesto contra-hegemônico, "sutil", com "deslizamentos", "sem marcha" começa então com a revelação da própria incapacidade da nação para a inversão da ordem capitalista. Sem marcha, uma revolução "à brasileira" teria de ser feita na surdina, deslizando-se. Termos como "é certo" e "sempre" reforçam o aparato preparado, na dimensão espacial e ideológica da propriedade, para a segurança do proprietário, a fim de protegê-lo de ladrões e de "revoluções". Manter a propriedade é manter a exploração. Qualquer desvio ou invasão da propriedade mobilizará os artefatos de segurança do proprietário: o cão que late "por princípio", o gato quizilento, alarmes que buscam acordar os homens do sono da noite para, por outro lado, mantê-los imersos no sono da reificação capitalista. Apesar de parecer acidental, a descoberta do desvio feito pelo leiteiro e sua "invasão de propriedade" está contraposta ao aparato de conforto burguês, garantido pela propriedade. É assim que a palavra "senhor" assume também o sentido daquele que domina a forma como a história deve caminhar: para frente, no sentido da acumulação e da garantia da propriedade, mas sem avanço no sentido do proletariado. Essa, já se sabe, não é a perspectiva que garante avanço histórico.

A sexta estrofe inicia-se por uma nova conjunção adversativa, como que a recolocar as coisas no seu devido lugar, ou seja, na ordem sonâmbula da propriedade capitalista. Um dos senhores acorda em pânico e, como que a reiterar seu estado sonâmbulo, as legendas voltam a funcionar: "ladrões infestam o bairro", "ladrão se pega com tiro". O pronome demonstrativo "este" exibe a proximidade do narrador com o assassino e o distanciamento de ambos com relação à vítima. Neste momento, uma dificuldade cognitiva é trabalhada. O narrador conta que o homem não "quis saber de mais nada". As "legendas", que garantem a ordem, invadem e emperram as possibilidades cognitivas que facultariam ao senhor entender a situação, funcionam como diretrizes subliminares para acabar com o perigo que abala a propriedade, que é o perigo da própria compreensão da condição privilegiada que respalda a existência da propriedade.

A morte do leiteiro, num poema marcado pela vida fantasmática das coisas, é representada também por objetos, sem agente humano evidenciado. O revólver "salta" para a mão do senhor, "os tiros" matam o leiteiro. A prosopopeia refuncionaliza-se, tornando-se um eufemismo irônico. O assassinato narrado assim perde os contornos de acidente individual e torna-se destino coletivo, inserido numa ordem social em que as coisas vivem mais do que o homem. E a vida do leiteiro permanece incognoscível para o narrador, sua humanidade é um segredo que a mercadoria esforça-se por manter oculto. É "tarde para saber". E talvez seja impossível saber. Muito embora se realize o poema, junto com ele realiza-se o assassínio do trabalhador e morte das possibilidades de entender sua verdadeira condição humana, bem como de reorganizar o estado político das coisas, fraturando o mundo estável da propriedade, que fora posto em perigo.

A estrofe seguinte orienta-se para narrar o pretenso desespero do "senhor" diante da morte do leiteiro. Mais uma vez, a estrofe inicia-se por uma adversativa, como a indicar nova correção no rumo dos acontecimentos. Há aqui toda uma retórica de classe de tonalidade bem brasileira, diga-se de passagem, utilizada pelo "senhor". A diferença de classe e o privilégio, assim, marcam-se, mais uma vez, por um recurso textual. O discurso direto que invade o texto evidencia a capacidade social de voz do "senhor", para justificar seu crime. Há o recurso à divindade, muito à brasileira, cheio de intimismo, que pode, por meio da alusão à fé, suavizar a confidência da morte, livrando-a de más intenções. Há também a utilização de novas legendas, agora mais cínicas que antes como "bala que mata gatuno/ também serve pra furtar/ a vida de nosso irmão". O vocabulário cordial com a palavra "irmão" e o pronome "nosso" intensificam a defesa de classe. Tal frase feita no poema configura-se como compensação cínica para a legenda inicial: "ladrão se pega com tiro". Mesmo sendo compensatória, a frase não revela também nenhum sujeito humano, como o revólver que saltou para a mão do homem, essa legenda tem como sujeito a "bala". Despersonifica-se, assim, sutilmente, pelo pretenso desespero do homem, a culpa e o assassinato vai ganhando contornos de "acidente". O desespero cheio de verbo do "senhor" trai sua verdadeira intenção na última fala. "Polícia não bota a mão / neste filho de meu pai". A preocupação humana com a saúde do leiteiro indicada pela palavra médico esconde (e na verdade no texto revela) a intenção de isenção de culpa por parte do "senhor". Ele não deseja a polícia para não ser preso e não porque seja mais importante, naquele momento, um médico que atenda a vítima de fato já morta.

A fala obliquamente "cordial" do "senhor" mostra que tudo vai sendo recolocado em seu lugar. A cruel frase "Está salva a propriedade" retoma o ritmo das legendas asseguradoras da ordem da mercadoria e da reificação. Ordem essa que no poema estava caracterizada pela atmosfera noturna de sono enquanto alienação. Diz o narrador, desiludidamente, que "a noite geral prossegue". Está definitivamente abortada a possibilidade de reordenação da sociedade sob um prisma mais humano e solidário, "a manhã custa a chegar". O verbo "custar" pode significar aqui tanto o "preço" da manhã, tomada como nova realidade utópica, aquela que talvez o desvio do leiteiro intentasse, mas também pode estar se referindo ao fato de que esse horizonte utópico está distante no tempo. Com a referência à manhã, estabelece-se, nessa estrofe, a coerência com a ideia de "aurora" que está na última estrofe.

A ideia de reificação permanece forte nos últimos versos do texto. Após a morte, o leiteiro continua a ser referido através de coisas inerentes ao seu trabalho. Também há a referência a "objetos confusos" em lugar de homens confusos. Ainda que haja iminência da manhã, a noite permanece sobre as coisas, sobre os homens e sobre o discurso. Parece impossível divisar, com certeza, o que realmente as coisas são. Daí a produtiva importância ambígua de "aurora". O leite escorrido não é mais leite, "apenas mercadoria"; assim como o sangue que a ele se mistura já não é mais apenas ingrediente de humanidade. Trata-se de uma terceira coisa, o "terceiro tom" a que o poeta se refere.

Nesse terceiro tom está a síntese dos conflitos que se foram estabelecendo no poema entre reificação e vida, entre trabalho explorado e utopia, entre explorado e explorador. A essa síntese se dá no poema o nome de "aurora". Trata-se de um metassímbolo, o qual, por sua vez, também foge à compreensão do próprio narrador "é leite, sangue... não sei". Nesse metassímbolo está concentrada a posição privilegiada do narrador, que, sem ter interferido nos fatos, utiliza-os como fontes para a produção da metáfora do fim do poema. A mistura entre sangue e leite que está apresentada por intermédio de um jargão literário desgastado, uma acentuação do clichê lírico, altamente reificados, que beiram o *kitsch*.

Kitsch é aquilo que, valendo-se de um exagero de códigos saturados da grande literatura, realiza uma imitação de valores elevados, mas sem lastro. Um exemplo disso, é a literatura de mau gosto feita com intenções comerciais e que usa o "efeitismo" (o efeito, a emoção sentidos pelo leitor são esperados e iguais). A metáfora "aurora", no fim do poema, parece encaixar-se nesse tipo de efeitismo, pois cumpre alguns dos princípios do *kitsch*, conforme Moles (2001), a saber:

- *o princípio da inadequação*, segundo o qual não há coerência com a estrutura geral da obra (a imagem é de um lirismo exagerado demais se comparado ao restante do poema);
- *o princípio da percepção sinestésica*, segundo o qual o objeto *kitsch* é sempre mais carregado de exigência aos sentidos (as cores, a densidade espessa do líquido são exageradas demais quando formam a "aurora");
- *o princípio da mediocridade*, segundo o qual o *kitsch* está próximo do vulgar, o que facilita a absorção do consumidor (o desfecho lírico da narrativa de certo modo também apaga o sofrimento do personagem em nome da duvidosa beleza da metáfora, o que mimetiza o desvio da reflexão sobre a luta de classes para a produção estética) e;
- *o princípio do conforto*, segundo o qual o *kitsch* não cria problemas, ao contrário, investe no consumo de sensações desproblematizadas (como crítica ao *kitsch*, a metáfora "aurora" parece questionar essa postura, mas o faz exatamente pelo fato de segui-la).

O recurso ao *kitsch* (para não perder de vista o conceito: um valor estético distorcido ou exagerado, inferior à sua cópia existente, que toma para si valores de uma tradição cultural privilegiada) de certa forma é uma referência à falta de saída para a própria literatura nos termos da lógica da reificação. Que código novo seria capaz de surgir para revigorar a referência literária ao quadro geral de reificação? A forma do comentário, assim, parece referir-se mais uma vez ao agastamento das possibilidades do sistema literário brasileiro. Este final de "Morte do leiteiro" realiza, pois, melancolicamente, a constatação de que a literatura, ou ao menos a lírica, estaria perdendo a sua possibilidade de representar a totalidade do país, de uma perspectiva progressista. Tudo seria já inexoravelmente mercadoria?

A "aurora" é um terceiro tom que cruza utopia (talvez uma nova manhã que faça a história caminhar) e desilusão (o beco sem saída onde se encontra a própria literatura brasileira figurado na morte *kitsch* do leiteiro). O verbo "chamamos", lido no presente, parece indicar a falta de perspectiva de mudança para o quadro apresentado na narrativa de Drummond. A última estrofe se fecha mostrando as próprias impossibilidades de narrar. A narrativa esgota-se e o que resta como comentário à perversão da propriedade avassaladora é lirismo *kitsch*. A utilização do *kitsch* aqui, entretanto, não deixa de figurar como recurso crítico. Pela formalização do próprio esgotamento literário, assim, "Morte do leiteiro" parece conseguir manter viva a possibilidade crítica da literatura brasileira. Lembremos, mais uma vez Lukács (2003), para penetrar no significado profundo dessa reflexão crítica armada na forma da poesia de Drummond:

> E o 'virtuose' especialista, o vendedor de suas faculdades espirituais objetivadas, não somente torna-se um espectador do devir social [...], mas também assume uma atitude contemplativa em relação ao funcionamento de suas próprias faculdades objetivadas e coisificadas. (Lukács, 2003, p. 222)

É o que ocorre com a posição do "eu" que fala em "Morte do leiteiro": de narrador de uma possibilidade utópica abortada ele passa a contemplador de sua própria virtude técnica, que, em última análise, não passa de um código esgotado (*kitsch*) que reforça o tom da desilusão histórica.

Contudo ainda é preciso recuperar uma nota especificamente brasileira no caso. Como exibição sobretudo verbal, imagética e sinestésica, a "aurora" *kitsch* pode representar um consolo da imaginação cordial nacional, pouco afeita à reflexão e quase sempre "derretida" pela beleza que passa do ponto. Voltemos à palavra também irônica de Sérgio Buarque:

> O prestígio da palavra escrita, da frase lapidar do pensamento inflexível, o horror ao vago, que obrigam à colaboração, ao esforço e, por conseguinte, a certa dependência e mesmo abdicação da personalidade, têm determinado assiduamente nossa formação espiritual. Tudo quanto dispense qualquer trabalho mental aturado e fatigante, as ideias claras, lúcidas, definitivas, que favorecem uma espécie de atonia da inteligência, parecem-nos constituir a verdadeira essência da sabedoria. (Holanda, 2002, p. 1.060)

O *kitsch* é também um "ápice de frustração histórica" e literária, tanto quanto o esforço sem sentido além do salário. A metáfora fácil, de gosto mediano e todavia cruel da "aurora" pode então evidenciar o desejo de negar rigor ao trabalho mental. Trabalhando evidentemente com os sentidos, a metáfora da "aurora" não deixa de ser uma aposta crítica na "atonia da inteligência." Trata-se, portanto, de uma frustração individual e histórica que tem a ver também com o trabalho do escritor e que está expressa nos versos finais do poema "O elefante", que antecede "Morte do leiteiro" em *A rosa do povo*:

> Exausto da pesquisa,
>
> Caiu-lhe o vasto engenho
> Como simples papel.
> A cola se dissolve
> e todo seu conteúdo

de perdão, de carícia,
de pluma, de algodão,
jorra sobre o tapete,
qual mito desmontado.
Amanhã recomeço

Como vimos, o empenho literário em Drummond tem sempre um avesso de desconfiança, materializada no discurso de "Morte do leiteiro", por exemplo, nas pessoas que falam no poema, nas inúmeras recorrências à expressão "não sei". O empenho e sua contraface dialética de decepção dão à lírica empenhada de Drummond a consistência de uma "lírica participativa por subtração". O oblíquo mineiro é um poeta que, segundo Alcides Villaça, "se adianta às nossas suspeitas maiores sobre o alcance da arte ou da possibilidade de representação da subjetividade mais viva, fazendo exatamente dessas suspeitas a matéria dramática de sua poética" (Villaça, 2006, p. 70).

Essas suspeitas estão ligadas à capacidade de a literatura dar a ver a ideologia dominante, não segundo o conceito mais comum de ideologia, mas naquilo que caracteriza o ato de descortinar as estruturas (fetichismo e reificação) que enformam a realidade humana no capitalismo.

A lírica participativa de Drummond está eivada de desconfiança com relação às possibilidades de participação, dadas as condições de produção da literatura num país como o Brasil. Isso faz com que a participação de Drummond realize uma guinada crítica em direção à figuração do trabalho proletário contraposto ao trabalho poético. Dessa forma, o poeta acertava tanto as ideologias do trabalho propaladas pelo Estado Novo, quanto as ideologias de esquerda que tantas vezes apenas davam forma e assunto revolucionário para a imprensa burguesa. Essa atitude é conseguida, sobretudo, pela discussão e problematização da lógica reificadora do capitalismo em terras brasileiras.

Cabem ainda umas últimas palavras sobre a atualidade da lírica participativa de Drummond. Como comentário ao sistema literário brasileiro, a "aurora" que fecha o poema "Morte do Leiteiro" poderia ser tomada, a partir dos termos em que a lemos neste texto, como um anúncio cáustico da literatura de mercado, *kitsch* nos sonhos de mercadoria que nutre e no alcance pífio em relação aos dramas da nação. Uma literatura esvaziada que guarda cicatrizes dos anos de chumbo e da guinada neoliberal dos anos 1990 após a abertura democrática. Esses marcos históricos parecem ter esvaziado a pauta literária dos termos da participação com os matizes que se revelavam na nossa melhor produção até os anos 1960. Hoje é a luz da nossa inclusão anômala na globalização capitalista (que faculta uma suspensão da ideia de nação como força integradora e categoria interpretativa) que nos faz ver a "aurora" de Drummond como um impressionante metacomentário ao agastamento do sistema literário e ao esvaziamento dos potenciais interpretativos da totalidade histórica e social na literatura brasileira. Deixar ver essa complexa relação dos homens com o mundo em que vivem, entretanto, é a grande "aurora", no sentido utópico, da literatura.

Referências

ANDRADE, Carlos Drummond de. *Poesia Completa.* Rio de Janeiro: Nova Aguilar, 2003.

HOLANDA, S. B. de. Raízes do Brasil, *in:* SANTIAGO, Silviano (coord). *Intérpretes do Brasil.* Rio de Janeiro: Nova Aguilar, 2002, 2ª ed., v. 3, p. 927-1102.

LUKÁCS, G. A reificação e a consciência do proletariado, *in: História e consciência de Classe.* São Paulo: Martins Fontes, 2003.

MOLES, A. *O Kitsch.* São Paulo: Perspectiva, 2001.

SIMON, I. M. *Drummond: uma poética do risco.* São Paulo: Ática, 1978.

VILAÇA, Alcides. *Passos de Drummond.* São Paulo: Cosac Naify, 2006.

A PAISAGEM NA OBRA DE JOÃO CABRAL DE MELO NETO

Maria Aparecida Fonte Gomes

A palavra paisagem está conceituada na Geografia com diversos significados a partir do que se pretende estudar, no entanto, o que nos interessa aqui é a forma como ela é manipulada no fazer poético de João Cabral, que a liberta esteticamente, metamorfoseando seu sentido para nos mostrar o que a própria paisagem esconde ou como ela mesma está escondida nos versos trabalhados pelo artista, o que parece ocorrer nesse trecho de "O motorneiro de Caxangá", que faz parte de *Quaderna*:

> **Volta**
>
> Mas o trem de casas-vagões
> Passa ou é passado por?
> Como poder distinguir
> Do passado o passador?
>
> Se na estrada tudo passa
> E nada de vez passou?
> Como saber se é a gente
> Ou as casas-trem o andador?
>
> Ou quem sabe? a própria estrada
> Rolando com um propulsor?
> (pois dela sobe incessante
> e subterrâneo rumor)
> (Melo Neto, 1989, p. 108).

A poética de João Cabral expõe a indefinição da paisagem e dos seres que participam da formação desse país. Na paisagem desumanizada passa o que não é passado, mas presente ardente no que se percebe na mistura que confunde pessoas com coisas: "Como saber se é a gente ou as casas-trem o andador?" Tudo está em movimento, nada é estático, tudo é questionável, e continua indefinida, apesar de concreta, a paisagem, seja ela urbana, seja rural. No entanto, a paisagem assimila o belo e o feio, a vida e a morte, dependendo do olhar que se tem sobre o que se vê, ou deseja ver, ou o que não se quer ver, ou até, o que se quer esconder, ou seja, ela está cheia de impasses e contradições. São estes impasses e contradições que permitem ao poeta transfigurar o real em poesia para que chegue ao leitor de maneira poética, de forma que ele visualize a paisagem e o que ela contém. Sem querer limitar o sentido que a figuração poética atinge em João Cabral, percebemos que, em sua obra, a paisagem é transfigurada em pelo menos três importantes tendências: a paisagem é uma forma de representar os conflitos da formação nacional; é uma expressão da luta do poeta, que, no desenvolvimento de sua poesia, busca a forma poética em meio à crise da representação; e é uma forma de falar do próprio fazer poético de João Cabral. Para compreender a presença da paisagem na obra de João Cabral, a partir dessas tendências que, muitas vezes, se apresentam misturadas entre si e, não claramente separadas, analisaremos trechos de três poemas que as representam: "Paisagens com cupim", "A paisagem zero" e "A mesa", respectivamente.

Tendências paisagísticas de alguns poemas de João Cabral de Melo Neto: "Paisagens com cupim", "A paisagem zero" e "A mesa"

É interessante destacar que a paisagem sempre foi matéria poética trabalhada desde as primeiras manifestações literárias produzidas no Brasil, em que os autores, ao buscarem na matéria local inspiração, o faziam pelo processo da transfiguração, tentando elevar ao universal suas ideias e visões paisagísticas do Brasil. Assim, iam tecendo de maneira singular o que escreviam de forma hiperbólica, com intenção de encantar o europeu com as belezas da nova terra. Ao mesmo tempo que se distanciavam da realidade local, estavam impregnados dela. O mesmo acontecia quando queriam se aproximar do que era local, estando, no entanto, impregnados do universal. Em Cláudio Manoel da Costa, considerado como árcade ultramarino, período em que surgiram as primeiras produções literárias, os poemas têm fortes traços de bucolismo, isto é, giram em torno de temas, nos quais as paisagens campestres e pastoris estão presentes, como podemos ver em:

Alteia (fragmento)

Romance III

Aquele pastor amante,
Que as úmidas ribeiras
Deste cristalino rio
Guiava as brancas ovelhas;

Aquele, que muitas vezes
Afinando a doce avena,
Parou as ligeiras águas,
Moveu as bárbaras penhas;

Sobre uma rocha sentado
Caladamente se queixa:
Que para formar as vozes,
Teme, que o ar as perceba.

Os olhos levanta, e busca
Desde o tosco assento aquela

Distância, aonde, discorro,
Que tem a origem da pena:

E depois que esmorecidos
Da dor dos olhos, na imensa
Explicação do tormento
Sufocada a luz, se cegam;

Só às lágrimas recorre,
Deixando-se ouvir apenas
Daquelas árvores mudas,
Daquela mimosa relva.

Com torpe aborrecimento
A companhia despreza
Dos pastores, e das ninfas
Nada quer; tudo o molesta.
(Costa, s.d., p. 90)

Podemos perceber como, neste fragmento, o poeta busca a paisagem comum na terra primitiva para manifestar seu trabalho poético no qual transparece o desejo do natural, apresentado com simplicidade na paisagem campestre; quer se contrapor ao Barroco sem, porém, sair totalmente dele, uma vez que as formas contraditórias do Barroco (antíteses e inversões sintáticas nos versos) representam com força as contradições enfrentadas pelo poeta no que diz respeito ao confronto entre a formação intelectual na metrópole e a realidade de atraso e dependência da colônia. Assim, foi comum aos poetas árcades seguir o modelo clássico, cantar as ninfas e os bosques, mas falando da terra rústica, perigosa, primitiva. Dessa forma, mostraram que aqui se podia fazer poesia, num fazer literário utópico, integrando o ser humano à natureza de forma harmônica e eficaz. Seguindo o modelo clássico, esses poetas deram rigoroso sentido de construção à literatura brasileira e isso tem grande importância no caminho que a literatura seguiu em seu desenvolvimento, pois segundo Antonio Candido:

> Cláudio Manoel da Costa (1729-1789) é um poeta de transição entre Barroco e Arcadismo, que também, como Durão, parece remontar ao século XVI e aos modelos camonianos. A tradição petrarquista é visível nos seus admiráveis sonetos de toque maneirista, [...]. Nos sonetos e nas églogas, surpreendemos uma curiosa impregnação da natureza rochosa de sua região natal (a das minas de ouro), que se infiltra no modelo virgiliano, compondo uma espécie de diálogo implícito entre colônia e metrópole, barbárie e civilização. Em Cláudio ocorre um procedimento temático de certo alcance na formação de uma sensibilidade nacional na literatura: a da *metamorfose* – que consiste em imaginar que acidentes naturais, como árvores, rios, montanhas, são personagens mitológicas transformadas. Com isso, a realidade do país é traduzida em termos da tradição clássica e, de certo modo, se consagra perante a moda literária do Ocidente. (Candido, 2007, p. 37 e 38)

A obra de João Cabral dialoga com essa tradição e com os problemas, nem todos eles resolvidos e alguns até mesmo mais agravados, da formação nacional. Assim podemos perceber no trecho do poema "Paisagens com cupim", que faz parte de *Quaderna*:

> **Paisagens com cupim**
>
> 6. *A paisagem do canavial*
> não encerra quase metal.
> Tudo parece encorajar
> o cupim de cana ou de mar.
>
> Não só as cidades, outras coisas:
> os engenhos com suas moitas
> e até mesmo os ferros mais pobres
> das moendas e tachas de cobre.
>
> Tudo carrega o seu caruncho.
> Tudo: desde o vivo ao defunto.

Da embaúba das capoeiras
à economia canavieira.

Em tudo para o ar de abandono
de meia morte e pleno sono,
e esse deixar-se imovelmente
próprio da planta e do demente.
(Melo Neto, 1989, p. 99)

O trabalho estético transforma o cupim em metáfora no poema que parece falar de uma sociedade corrompida pelo sistema econômico que encoraja "o cupim de cana ou de mar", isto é, esse inseto tanto chega quanto sai pelo mar. Toda a paisagem, espaço geográfico (do campo e da cidade) e a poesia são modificados pelo inseto, pois "tudo carrega o caruncho, tudo: desde o vivo ao defunto" é transformado em forma mercadoria[1] que imobiliza, desumaniza e mata. Tudo se esfarela no individualismo. O cupim metamorfoseado nos fala da vida em sociedade de forma poética esteticamente construída, num país que não se configurou como nação como a literatura empenhada propagandeava. Voltando a Cláudio Manoel da Costa que, em sua época literária, deu um passo à frente na construção da consolidação do Sistema Literário Brasileiro, metamorfoseou as paisagens

---

1 Para Marx, o segredo da forma mercadoria, que encerra a falsa equivalência da mercadoria no ato da troca e a alienação do seu valor de uso, está na própria forma porque ela devolve aos homens as características sociais de seu próprio trabalho metamorfoseadas em características objetivas dos produtos do trabalho, como se tais características constituíssem por natureza os objetos produzidos pelo trabalho. A forma da mercadoria devolve aos homens a relação social entre os produtores e o trabalho global, mas os faz mal entender que a relação social existente se dá entre os objetos e não entre os homens. Portanto, a relação social entre os homens assume a forma fantasmagórica da mercadoria, ou seja, de uma relação social entre coisas. A esse respeito ver: Marx, K. *O capital: crítica da economia política*. São Paulo: Nova Cultural, 1985, v. I.

naturais (pedra, montanha, rio) em personagens mitológicos, agora, João Cabral usa esse recurso para dizer que a realidade passa pelo processo histórico da valorização do fantasma que corrói a vida social e a literatura vai ao âmago da ficção para transparecer o que nos é apresentado como natural numa sociedade configurada pela forma mercadoria que comanda tanto a vida quanto a morte transformada em cupim.

Como se vê, a paisagem em João Cabral toma forma concreta. Na construção de seus poemas ele a usa, dá concretude para a paisagem ser vista no jogo com as palavras, e a partir dela nos mostra a vida como acontece em todas as dimensões, que se movimenta de acordo com o olhar perceptivo do leitor que busca o real na ficção poética. Dá a ver o que a paisagem esconde atrás do que é visto numa primeira observação. Num movimento transformado pelo olhar, gera contrastes de cores e formas que se confrontam com modos de vida que são gerados tanto no campo quanto na cidade. No campo está a cidade, na cidade está o campo, nos aparecem assim, como um todo em movimento. Num fazer e desfazer constante de mudança que se misturam num trabalho poético de morte e vida.

Todo esse processo poético foi desenvolvido ao longo da produção poética do autor, de seu trabalho à procura da forma poética. Em seu primeiro livro *Pedra do sono*, percebemos a vontade poética em crise, numa indefinição mórbida, sonolenta e escura, é a poesia falando do seu próprio fazer poético e o poeta imerso nessa nebulosa em que nada pode ser distinguido, passado, presente, interior e exterior: "automóveis como peixes cegos compõe minha visão mecânica". No segundo livro, *O Engenheiro*, essa crise parece ir se movendo em uma direção, o poeta já sabe como definir o caminho, a paisagem é o próprio poeta. Como vemos no poema "A paisagem zero", que faz parte desse segundo livro:

A paisagem zero

(Pintura de Monteiro, V. do R)

A luz de três sóis
ilumina as três luas
girando sobre a terra
varrida de defuntos.
Varrida de defuntos
mas pesada de morte:
como a água parada,
a fruta madura.
Morte a nosso uso
aplicadamente sofrida
na luz desses sóis
(frios sóis de cego);
nas luas de borracha
pintadas de branco e preto;
nos três eclipses
condenando o muro;
no duro tempo mineral
que afugentou as floras.
E morte ainda no objeto
(sem história, substância,
sem nome ou lembrança)
abismando a paisagem,
janela aberta sobre
o sonho dos mortos.
(Melo Neto, 1989, p. 194 e 195).

Um poema construído a partir da paisagem que é expressa em um quadro, uma pintura que parece estática, morta, escura (frios sóis de cego), no entanto, é uma janela que abre a imaginação do poeta, que desconstrói e constrói, que vê além dos sonhos dos mortos. João Cabral deixa ver o desejo de um fazer independente, totalmente seu, apesar de saber que muitas são as mediações que movimentam o poeta trabalhador. Torna a fatura de seus poemas algo para ser tocado, com o olhar, assim a paisagem se faz concreta, o que podemos perceber em "A mesa", do livro *O Engenheiro*:

A mesa

O jornal dobrado
sobre a mesa simples;
a toalha limpa,
a louça branca

e fresca como o pão.

A laranja verde:
tua paisagem sempre,
teu ar livre, sol
de tuas praias: clara

e fresca como o pão.

A faca que aparou
teu lápis gasto:
teu primeiro livro
cuja capa é branca

e fresca como o pão.

E o verso nascido
de tua manhã viva.
de teu sonho extinto,
ainda leve, quente

e fresco como o pão.
(Melo Neto, 1989, p. 196 e 197).

O uso de palavras simples, substantivos concretos, (jornal, mesa, toalha, louça) do cotidiano da vida, no entanto, carregadas de um pensamento novo de um poeta que está na manhã de construções poéticas em que ele, o produtor, se encontra neste "fresco como um pão", misturado nesta massa, que é pão e poesia é o próprio trabalhador que se faz massa. No título, um instrumento de seu trabalho, a mesa, está ali, posta com pensamento branco, claro, limpo, leve, solar, quente, que se contrapõe a outro pensamento; "A faca que aparou teu lápis gasto"... "de teu sonho extinto". Este movimento de contraposição entre "manhã viva" e "sonho extinto" parece-me o próprio autor tateando em busca de sua palavra, de sua voz, em busca do novo, que lhe satisfaça como escritor. Podemos dizer que é um poema sobre o próprio poema. Altamente crítico do que produz, o poeta-arquiteto está presente nesta paisagem que ele constrói calculadamente; seus tijolos são as palavras tratadas de forma diferente, como ele mesmo nos fala em entrevista, a Macksen Luís: "Não há nenhuma palavra que não seja poética, desde que tratada poeticamente" (Melo Neto, *apud* Athayde, 1998, p. 65).

O escritor literário passa por constante e exaustivo trabalho de leitura do mundo que o cerca e no qual está inserido. O caminho percorrido pelo autor deve ser pleno de vida, quer fictícia ou não, mas vida que ganha concretude ao ser assimilada pelo leitor, fazendo-o perceber que também ele faz parte desse trabalho estético, que não é alienado nem alienante, ao contrário, é libertador, mesmo que essa força seja inconsciente e passe despercebida, pois o trabalho do autor passa a fazer parte da forma como o leitor passa a ver, ler e, talvez até, escrever o mundo posteriormente, passando assim a fazer parte da corrente subterrânea coletiva de que nos fala Adorno, se referindo à poesia:

> Somente a pouquíssimos homens, devido às pressões da sobrevivência, foi dado apreender o universal no mergulho em si mesmos, ou foi permitido que se desenvolvessem como sujeitos autônomos, capazes de se expressar livremente. Os outros, contudo, aqueles que não apenas se encontram alie-

> nados, como se fossem objetos, diante do desconcertado sujeito poético, mas que também foram rebaixados literalmente à condição de objeto da história, tem tanto ou mais direito de tatear em busca da própria voz, na qual enlaçam o sofrimento e o sonho. A afirmação desse direito inalienável tem sido uma constante, ainda que de maneira impura e mutilada, fragmentária e intermitente, a única possível para aqueles que têm o fardo para carregar. Uma corrente subterrânea coletiva é o fundamento de toda lírica individual. Se esta visa efetivamente o todo e não meramente uma parte do privilégio, refinamento e delicadeza daquele que pode se dar ao luxo de ser delicado, então a substancialidade da lírica individual deriva essencialmente de sua participação nessa corrente coletiva, pois somente ela faz da linguagem o meio em que o sujeito se torna mais do que apenas sujeito. (Adorno, 2003, p. 76-77)

Assim, mesmo que queiramos ou que digamos que é um trabalho novo, uma nova tendência literária, não podemos esquecer que, de certa forma, ela dialoga com o que já foi produzido anteriormente. Esse tatear em busca do que poderia dizer, que também é meu trabalho aqui, está impregnado das mediações em que estamos envolvidos e o poder da literatura, em nossas vidas, nos confirma isso a todo tempo quando nos liberta de um estado de objeto para coparticipantes do fazer literário, já que somos parte viva dessa sociedade de que se fala de maneira condensada em um poema esteticamente trabalhado. É importante, agora, buscar entender como a paisagem, o mundo externo à literatura, a sociedade se fazem presentes na lírica, um gênero marcado pelo subjetivismo. Enfim, como o individual, na lírica, se torna coletivo?

Paisagem, lirismo e antilírica

No poema lírico, o aspecto estético se encontra tão condensado que exige mais tempo e trabalho do leitor, o que impõe desafios de leitura do texto e do mundo aos quais não estamos muito acostumados. Cabral, a esse respeito faz uma comparação:

> [...] Poesia pode ser comparada a uma garrafa de uísque. Uma garrafa de cerveja qualquer um pode tomar. De uísque. Não. A poesia é algo tão concentrado quanto o uísque, com alto teor alcoólico. Pode-se escrever um romance de 400 páginas. Um livro de poesia de 400 páginas é inviável. (Melo Neto, *apud* Athayde, 1998, p. 72)

Também sobre essa condensação no poema, Adorno afirma:

> Costuma-se dizer que um poema lírico perfeito tem de possuir totalidade ou universalidade, tem de oferecer, em sua limitação, o todo: em sua finitude, o infinito. Se isso for algo mais que um lugar-comum daquela estética que tem sempre à mão, como panaceia universal, o conceito simbólico, então isso mostra que em cada poema lírico devem ser encontrados, no *medium* do espírito subjetivo que se volta sobre si mesmo, os sedimentos da relação histórica do sujeito com a objetividade do indivíduo com a sociedade. Esse processo de sedimentação será tanto mais perfeito quanto menos a composição lírica tematizar a relação entre o eu e a sociedade, quanto mais involuntariamente essa relação for cristalizada, a partir de si mesma, no poema. (Adorno, 2003, p. 72)

Ou seja, existe na composição do poema, assim como em todas as composições estéticas (em formas e níveis diferentes), uma relação profunda entre as estruturas literárias e as estruturas sociais. A questão é que a leitura dessa relação torna-se mais viva e eficaz no texto literário quando não se contenta em ser apenas um tema, isto é, algo de que se fala, mas busca ser a própria vida que se recolhe no interior do texto para falar nele. Isso indica algo que frequentemente escapa ao leitor em uma sociedade tão administrada como a nossa: a obra que não fala diretamente da vida social como seu tema não pode deixar de tornar viva a relação histórica entre suas estruturas e a realidade social onde foi produzida. Assim, mesmo quando um poema está falando de algo completamente desligado da realidade imediata, ele sempre está relacionado ao mundo, principalmente porque se contrapõe a ele.

A construção estética e formal dos elementos que compõem o texto literário é que garante sua relação com a vida, para além da letra morta; logo, para que seja feita uma leitura integral da literatura em toda sua força, é necessário perceber não apenas aquilo de que fala um poema, mas principalmente como fala um poema. É preciso aprender a ler a linguagem estética. A literatura nos desafia a aprender uma nova língua, que, embora se construa com as estruturas da linguagem cotidiana, as modifica, transfigura, deforma, amplia ou reduz, recria, enfim, produzindo uma nova forma de dizer o mundo, a qual, entretanto, traz em si mesma as estruturas linguísticas e sociais que modificou esteticamente para questioná-las em suas contradições reais vividas por nós, frequentemente sem saber, na materialidade cotidiana.

Assim, a vida social está presente na poesia lírica. Mas o problema da forma como a sociedade está inserida na lírica foi enfrentado de diferentes maneiras pelos poetas. A poesia de Drummond, por exemplo, ao expressar as inquietudes do seu eu lírico, enfrentou os problemas da relação entre subjetividade e objetividade:

> entre 1935 e 1959, há nele uma espécie de desconfiança aguda em relação ao que diz e faz. Se aborda o ser imediatamente lhe ocorre que seria mais válido tratar do mundo; se aborda o mundo, que melhor fora limitar-se ao modo de ser. [...] Tais perplexidades se organizam a partir de Sentimento do mundo e José, títulos que indicam a polaridade de sua obra madura; de um lado preocupações com os problemas sociais; de outro, com os problemas individuais, ambos referidos ao problema decisivo da expressão, que efetua a sua síntese. (Candido, 2004, p. 67-68)

O poeta João Cabral, por sua vez, recusou abertamente o subjetivismo excessivo e buscou uma poesia das coisas:

> Um prejuízo dessa visão excessiva de subjetivismo é o fato de o poeta, a partir do momento em que se torna exclusivamente lírico, passar a falar só dele próprio. Onde está a poesia que fala das coisas? Não se vê mais! Agora, o poeta só fala das suas angústias! Só que eu não sei qual é a angústia de cada um! Falar de angústia e de saudade é muito vago, pode ter um significado para mim e outro muito diferente para você... Agora, se eu falar de uma maçã ou de uma laranja, são coisas concretas, à partida iguais para mim e para você. Aí nossa comunicação se pode estabelecer. (Melo Neto, *apud* Athayde, 1998, p. 55)

Mas se levarmos em consideração o pensamento de Adorno ao se referir a lírica como subjetividade que fala do e para o mundo e não para si mesma, poderemos perceber o íntimo do poeta que fala ao objetivo, transfigurando a realidade aparente em essência que volta à realidade, modificando-a:

> Se em virtude de sua própria subjetividade, pode-se falar do teor lírico como sendo objetivo – caso contrário não seria possível explicar o simples fato que fundamenta a possibilidade da lírica como gênero artístico: seu efeito sobre os outros que não o poeta em monólogo consigo mesmo – isso só ocorre se a obra de arte lírica, ao retrair-se e recolher-se em si mesma, em seu distanciamento da superfície social for motivada socialmente por sobre a cabeça do autor. O meio para isso, porém, é a linguagem. O paradoxo específico da configuração lírica, a subjetividade que se reverte em objetividade, está ligado a essa primazia da conformação linguística na lírica, da qual provem o primado da linguagem na criação literária em geral, até as formas em prosa. Pois a própria linguagem é algo duplo. Através de suas configurações, a linguagem se molda inteiramente aos impulsos subjetivos: um pouco mais, e se poderia chegar a pensar que somente ela nos faz amadurecer. (Adorno, 2003, p. 73-74)

Assim, voltando a Cabral, podemos dizer que seu trabalho poético não se configura como oposição à forma de pensar de Adorno, pois, apesar de se declarar antilírico, trabalha a linguagem em sua forma dupla: social e subjetiva. Suas produções estão intimamente ligadas ao ser social, à vida que se manifesta em paisagens extremamente inóspitas ou inexistentes, mas também expressam, na escolha dos objetos que compõem o poema e mesmo na forma do poema, também o modo peculiar do poeta de ver o mundo dos objetos, muitas vezes em confronto com a sua subjetividade, como podemos perceber mais claramente em um poema que, dialogando com a poesia de Drummond, aborda a relação entre a subjetividade lírica e a paisagem antilírica e burocrática:

Difícil ser funcionário

Difícil ser funcionário
Nesta segunda-feira.
Eu te telefono, Carlos
Pedindo conselho.

Não é lá fora o dia
Que me deixa assim,
Cinemas, avenidas,
E outros não-fazeres.

É a dor das coisas,
O luto desta mesa;
É o regimento proibindo
Assovios, versos, flores.

Eu nunca suspeitara
Tanta roupa preta;
Tão pouco essas palavras —
Funcionárias, sem amor.

Carlos, há uma máquina
Que nunca escreve cartas;
Há uma garrafa de tinta
Que nunca bebeu álcool.

E os arquivos, Carlos,
As caixas de papéis:
Túmulos para todos
Os tamanhos de meu corpo.

Não me sinto correto
De gravata de cor,
E na cabeça uma moça
Em forma de lembrança

Não encontro a palavra
Que diga a esses móveis.
Se os pudesse encarar...
Fazer seu nojo meu...

Carlos, dessa náusea
Como colher a flor?
Eu te telefono, Carlos,
Pedindo conselho.
(Melo Neto, 1989, p. 60-61).

Dentro de um espaço burocrático, opressor, João Cabral encontra a possibilidade de falar dos objetos que o cercam com efetivo fazer poético quando deixa ver a "dor das coisas" estampadas no "luto" que prende o trabalho humano, implícito na "mesa", a regras a serem obedecidas na escuridão das roupas sem alegria, o que contrasta com o que se passa lá fora. Dialoga com quem sabe falar dessa dor surda presente na inutilidade da vida e da poesia, seu amigo conselheiro Carlos, que sabe das palavras "funcionárias", administradas pelo regimento inoperante, apresentado na paisagem concreta da burocracia que imobiliza e fede. Como podemos ver:

A flor e a náusea

Preso à minha classe e a algumas roupas,
vou de branco pela rua cinzenta.
Melancolias, mercadorias, espreitam-me.
Devo seguir até o enjoo?
Posso sem armas revoltar-me?
[...]
Vomitar este tédio sobre a cidade.
Quarenta anos e nenhum problema
resolvido, sequer colocado.
Nenhuma carta escrita nem recebida.
Todos os homens voltam para casa.
Estão menos livres, mas levam jornais
e soletram o mundo, sabendo que o perdem.
(Andrade, 2003, p. 36-37).

A paisagem cabralina se mistura à drummondiana; sentimos a "dor" nas duas, a luta entre o eu e o mundo, que precisa romper com os armários que são do tamanho da nossa poesia e da nossa vida que obedece a estatutos que nos enchem de "tédio". João Cabral quer apreender como encarar o nojo, encarando a palavra, para libertá-la do intimismo em que se encontra, para colocá-la no mundo, para ser analisada, não só "soletrada". E, Drummond tem "meu ódio é o melhor de mim / com ele me salvo / e dou a poucos uma esperança mínima". Cheio de sentimento no alvoroço do mundo, o jovem poeta quer saber como colher a flor que rompeu as prisões: "É feia. Mas é uma flor. Furou o asfalto, o nojo e o ódio" (Andrade, 2003, p. 37).

Assim, o leitor que se dispõe a perceber como o poema está organizado esteticamente passa a enxergar para além da aparência, como disse anteriormente, e, mesmo quando o eu lírico não está claramente expresso, como no poema citado, o leitor pode descobrir a presença do poeta que, mesmo invisível, organiza o mundo do poema por ele criado. Esse processo de desfazer o mundo para refazê-lo no mundo do poema, cria um mundo outro que, na verdade, acaba por revelar a vida em dimensão mais profunda e problematizada.

Na poesia de João Cabral, a paisagem tem papel importante também no que diz respeito à questão da relação entre o eu e o mundo, a subjetividade e a objetividade, o lirismo e a antilírica. Pela presença constante da paisagem nordestina na obra de João Cabral, a subjetividade do poeta, especialmente a memória da infância, se torna sensível na composição objetiva do poema e, assim, o eu lírico e o mundo se inserem no plano decisivo da composição do poema.

Apesar de ter vivido a maior parte de sua vida produtiva fora do Brasil, mais precisamente fora de Pernambuco, João Cabral usa como matéria, na maioria de seus poemas, paisagens e realidades do nordeste brasileiro, pois traz na memória imagens que ficaram marcadas, como ele mesmo diz:

> [...] tenho a impressão de que a gente escreve sempre sobre as impressões da infância e da adolescência. Nessa época, o homem é mais sensível. Grava mais as coisas. Então, forçosamente, nunca poderei me livrar dessa impressão de Pernambuco sobre mim. Imagino que ela continuará. (Melo Neto, *apud* Athayde, 1998, p. 67)

Assim, podemos perceber que as imagens do interior do nordeste sempre estiveram vivas na memória do poeta. A realidade concreta, viva que é transformada pelo árduo trabalho de manipular e organizar as palavras através de metáforas no sentido de desfazer a realidade e refazê-la no mundo do poema.

Todos os poemas que compõem o livro *A educação pela pedra* são escritos em duas partes, como explica João Cabral: "[...] O meu objetivo é a resultante das duas metades, isto é, das duas unidades. Umas vezes associam-se, outras repelem-se" (Melo Neto, *apud* Athayde, 1998, p. 114). Vejamos um poema desse livro:

Rios sem discurso

Quando um rio corta, corta-se de vez
o discurso-rio de água que ele fazia;
cortado, a água se quebra em pedaços,
em poços de água, em água paralítica.
Em situação de poço, a água equivale
a uma palavra em situação dicionária:
isolada, estanque no poço dela mesma,
e porque assim estanque, estancada;
e mais: porque assim estancada, muda,
e muda porque com nenhuma comunica,
porque cortou-se a sintaxe desse rio,
fio de água por que ele discorria.
*
O curso de um rio, seu discurso-rio,
chega raramente a se reatar de vez;
um rio precisa de muito fio de água
para refazer o fio antigo que o fez.
Salvo a grandiloquência de uma cheia
lhe impondo interina outra linguagem,
um rio precisa de muita água em fios
para que todos os poços se enfrasem:
se reatando, de um para outro poço,
em frases curtas, então frase e frase,
até a sentença-rio do discurso único
em que se tem voz a seca ela combate.
(Melo Neto, 1989, p. 23)

Trata-se de um poema trabalhado de forma que, ao contrário do que dissemos anteriormente acerca das primeiras produções, este desliza com determinação, bem realizado. Nos quatros primeiros versos, evidencia-se o que representa um rio cortado, para, a seguir, complexificando o curso poético deste "discurso-rio de água", num esquema de continuidade, ligar a figura do poço à palavra dicionária. Rio cortado transformado em poços de água, o curso desse rio foi interrompido. O rio sem discurso, a palavra voltada para ela mesma sem se conectar com outro vocábulo, como num poço, "estanque no poço dela mesma", percebe-se tudo bem claro. Parece-nos que, na sequência dos porquês, o poema vai se condensando num ritmo mais acelerado, até voltar ao ritmo da primeira quadra nos dois versos finais da primeira parte: "porque cortou-se a sintaxe desse rio, o fio de água por que ele discorria", calculadamente preparado para iniciar a segunda parte do poema.

O segundo bloco do poema continua no mesmo ritmo do primeiro, sendo que parece que o autor vai reduzindo o espaço em volta do objeto, o discurso do rio e o rio do discurso, que só podem ser refeitos, se juntarem a água e a palavra, "... muita água em fios para que todos os poços se enfrasem", juntando água e água, palavra e palavra para chegar ao final "sentença-rio do discurso único". Já não conseguimos separar água e palavra, a metáfora da água é a palavra, ou a palavra é a metáfora da água ou o poema é a própria metáfora de si mesmo e da vida, agora não mais estanque e separada, mas viva e contraditória?

Numa poética ambígua, o poeta parece falar de uma realidade geográfica, paisagem de águas cercadas pela seca, rios que vão perdendo seu fio de água, que é paisagem comum na região do nordeste brasileiro, e ao mesmo tempo fala da própria poesia; a questão metalinguística aparece com ênfase no poema. Assim, percebemos que as paisagens guardadas na mente do poeta se tornam tema que se desfaz com a linguagem na poesia, para se refazer em junção com a forma de esperança, não das cheias que combatem a secura da paisagem, mas nos poços de água-palavra, está a possibilidade dessa esperança. O discurso é refeito através da linguagem poética que aponta uma saída, a paisagem é a junção do tema e da forma escrita que só assim conseguem os "fios de água".

Trabalho perfeito do autor em se colocar parte dessa paisagem num movimento que nos faz escutar o barulho das águas se juntando através da melodia das palavras que se juntam em "frase e frase", que chegam a cantar as águas em movimento, num impulso para se juntar e desembocar, num curso refeito do rio em discurso das palavras. Nessa conexão, o advento da água parece expandir-se, o poeta apressa essa espera, modificando a paisagem e os seres que por ela esperam. O autor, solidariamente, nos coloca dentro do poema, parte dessa paisagem, no sentido de que nos provoca a especular, a examinar didaticamente o poema metáfora dele mesmo. A paisagem seca nordestina é desfeita e refeita em outra, que se torna possível na linguagem poética e mostra, assim, a possibilidade de percebermos a vida em dimensão mais profunda.

Referências

ADORNO, Theodor W. "Palestra sobre lírica e sociedade", *in: Notas de literatura* I. São Paulo: Duas Cidades; Ed. 34, 2003.

ANDRADE, Carlos Drummond de. *A rosa do povo*. Rio de Janeiro: Record, 2003.

ATHAYDE, Félix de. *Ideias fixas de João Cabral de Melo Neto*. Rio de Janeiro: Nova Fronteira: FBN; Mogi das Cruzes: Universidade de Mogi das Cruzes, 1998.

CANDIDO, Antonio. *Iniciação à literatura brasileira*. 5ª ed. Rio de Janeiro: Ouro sobre Azul, 2007.

______. "Inquietudes na poesia de Drummond", *in: Vários escritos*. São Paulo/Rio de Janeiro: Duas Cidades/Ouro sobre Azul, 2004.

COSTA, Claudio Manoel. *Poemas escolhidos*. Rio de Janeiro: Ediouro – Grupo coquetel, s/d.

MARX, K. *O capital: crítica da economia política*. V. I. São Paulo: Nova Cultural, 1985.

______ e ENGELS, Friedrich. *Cultura, arte e literatura:* textos escolhidos / Karl Marx e Friedrich Engels; Organização de José Paulo Netto e Miguel Makoto Cavalcante Yoshida. São Paulo: Expressão Popular, 2010.

MELO NETO, João Cabral de. *Antologia poética*. 7ª ed. Rio de Janeiro: José Olympio, 1989.

______. *Poesias Completas*. Rio de Janeiro: Sabiá, 1968.

PERSONAGEM NARRADOR LETRADO E PERSONAGEM ILETRADO, EM *A HORA DA ESTRELA*, DE CLARICE LISPECTOR

Marivani da Silva Martins Adler

A relação estabelecida entre narrador e personagem na formação do sistema literário brasileiro sempre foi ponto de estudo e de debate entre críticos literários. Especialmente, porque a relação entre narrador letrado e personagem iletrado é complexa, pois a representação política pode estar internalizada na obra e depender da eficácia estética.

Quem narra é detentor do poder, entretanto, na elaboração literária isto não é um elemento dado. Na produção literária, há toda uma dialética a ser estudada quanto às relações estabelecidas entre o letrado e o iletrado, como ocorre, por exemplo, em *Vidas secas*, de Graciliano Ramos que, segundo Bastos (2006), apresenta impasses, sendo um deles a relação entre narrador, considerado letrado ou intelectual, e o personagem Fabiano, o qual representa o povo, incapaz de escrever com a propriedade de um letrado.

> Mas, se Fabiano não representa, invade o discurso do narrador, impondo-lhe condições de delegação. [...] O estilo de Graciliano resulta de uma negociação com o personagem Fabiano. [...] A relação narrador/personagem é, ao mesmo tempo, de aproximação e de distanciamento. (Bastos, 2006, p. 97)

É essa negociação que dá eficácia estética à obra, pois, se um personagem como Fabiano, que representa com toda propriedade o povo brasileiro, fizesse uso da escrita como um letrado, não haveria nesta obra a mesma eficácia estética. Da mesma forma, seria, no mínimo, contraditório se o narrador letrado apresentasse as especificidades do povo, nas suas relações de sobrevivência diária. Diante disso, é necessário que se estabeleça uma negociação entre narrador letrado e personagem iletrado, nessa busca constante de produzir uma obra com valor estético. Segundo Luís Bueno (2001), Graciliano teria afirmado que não seria fácil incorporar um camponês por ele ser impermeável, um ser com especificidades de classe, especialmente na representação no campo da ficção.

Entretanto, Jorge Amado, segundo Luís Bueno, encontrou uma solução artificial para a problemática da relação entre ser letrado e ser iletrado:

> Sendo um revolucionário, como se autodefinia, sente-se um representante legítimo do povo e, sem problema nenhum, fala em nome do povo. Identifica-se com ele e nem se questiona muito sobre a legitimidade de sua adesão aos valores populares. (Bueno, 2001, p. 255)

Nesse sentido, temos, ao menos, duas posições diferentes: a solução de Graciliano, que negocia com Fabiano a narração, e Jorge Amado, que se reconhece capaz de narrar como ser representante do povo, embora não legitimando as peculiaridades de um representante de classe.

Pensando nesse problema, que é estético e político ao mesmo tempo, percebemos que ele percorre todo o sistema literário brasileiro. No Indianismo, percebemos nas narrações um movimento compensatório, para com um povo mestiço que teve sua cultura arrasada. Os literatos daquele tempo buscavam resolver esta contradição por meio da exacerbação da figura do indígena.

> [...] o índio não teve dificuldade em tornar-se personagem literário privilegiado. Nos três poemas [...], *O Uruguai*, *Vila Rica* e *Caramuru*, sobretudo no primeiro e no tercei-

> ro, ele entra com força pitoresca e humana [...] aparecendo cada vez mais como símbolo da terra e, depois dos sentimentos locais. [...] A crítica literária estabeleceu então que descrever a natureza e os costumes do país, sobretudo os das raças primitivas, era a verdadeira tarefa da literatura e o critério para identificar, no passado, aqueles que tinham contribuído para criá-la. (Candido, 1989, p. 174-175)

O índio teve sua figura idealizada num sentido compensatório, devido às injustiças cometidas para com ele, especialmente no período de colonização. A sociedade intelectual buscava amenizar as contradições históricas por meio da idealização. Entretanto, esta exacerbação da figura do indígena, sua elaboração mitológica, também convinha, segundo Candido,

> para ocultar o problema do negro, de tal modo que o Indianismo se tornou também, visto deste ângulo, uma forma de manter o preconceito contra ele, apesar do esforço generoso de poetas abolicionistas. (1989, p. 180)

A figura do negro não era elevada ao heroísmo a que foi alçado o indígena; o negro era símbolo de uma realidade humilhante, na qual se refletia a agressividade e a desumanização a que os negros foram submetidos.

Essa primeira fase da literatura brasileira, apesar de deformar esses personagens, foi obrigada a inclui-los para que fosse realizada, pois eles eram a matéria local e, assim, a literatura, apesar de deformar a realidade, ao mesmo tempo lidava com ela, fazia presente os tipos humanos que compunham o país e de certa forma apresentava também a voz dos oprimidos.

Diante das tentativas realizadas de elaboração de uma literatura realmente brasileira, muitos equívocos foram realizados, mas, ao mesmo tempo, foram considerados fundamentais para a consolidação de um sistema literário, onde as figuras do narrador letrado e do personagem iletrado tornaram-se fundamentais para evidenciar contradições, e expressavam a necessidade de superá-las, consolidando a literatura realmente dita brasileira.

Então, numa produção literária, a observação entre narrador e personagem letrados e iletrados é ponto de estudo que não se pode desprezar, pois, num país tão permeado de contradições como o Brasil, especialmente de contradições de classe, a voz de quem fala pode representar a voz de uma classe burguesa ou de uma classe oprimida.

Hermenegildo Bastos, em seu artigo "Formação e Representação" (2006), realiza várias análises referentes à representação literária; seu objeto de análise não é a obra de Clarice Lispector, mas sim *Vidas secas*, de Graciliano Ramos, mas tomaremos sua produção como ponto de partida para a análise da obra *A hora da estrela* quanto ao problema da relação entre o narrador letrado e o personagem iletrado.

Antes de iniciarmos a análise da obra propriamente dita, relembraremos aqui aspectos do nosso processo histórico e também aspectos da construção de nosso sistema literário ou de uma literatura realmente brasileira. Não queremos traçar um paralelo direto entre processo histórico e formação da literatura brasileira, pois, como nos alerta Candido, isso:

> não seria apenas enfadonho, mas perigoso, porque poderia parecer um convite para olhar a realidade de forma mecânica, como se os fatos históricos fossem determinantes dos fatos literários, ou como se o significado e a razão-de-ser da literatura fossem devidos à sua correspondência dos fatos históricos. [...] Mas na medida em que é um sistema de produtos que são também instrumentos de comunicação entre os homens, possui tantas ligações com a vida social, que vale a pena estudar a correspondência e a interligação entre ambas. (1989, p. 163)

Desde o princípio da colonização brasileira, foram realizadas narrativas a respeito dos povos originários e das terras da colônia, assim como das expedições. Relembramos que boa parte da história brasileira foi "pintada" pelos nossos colonizadores europeus. Ou seja, a escrita da palavra também era uma forma de poder exercida, pois se narrava segundo a visão dos colonizadores; as impressões ali contidas são de quem "conquistou" novas terras e não de quem teve suas terras invadidas, sua cultura arrasada e seus costumes considerados como anticristãos.

Levando-se em consideração estes aspectos históricos mencionados, a formação de um sistema literário brasileiro também não se deu de forma linear, foram muitas as idas e vindas para a consolidação de um sistema. Muitas das contradições para a formação ocorreram devido aos literatos daquele tempo, que, formados na Europa, buscavam aqui reproduzir literaturas europeias. Posteriormente, buscaram exacerbar as cores locais, considerando que assim produziriam uma literatura realmente brasileira, mas, muitas vezes, os elementos locais assumiam uma caracterização exótica, que atendia mais às expectativas do leitor estrangeiro. As fases pelas quais a literatura passou estão aqui bem simplificadas, não queremos discorrer sobre as especificidades de cada processo, mas, sim, buscar evidenciar um aspecto importante desse percurso: a formação de uma literatura realmente brasileira foi um processo complexo, marcado pela dialética entre local e universal.

A produção literária buscou aperfeiçoar a sua produção e, nessa procura, muitas tentativas foram realizadas, esbarrando sempre no limite entre produzir uma literatura original ou local, mas sem abrir mão da forma literária europeia, uma vez que seria impossível, e até mesmo nocivo, que a literatura brasileira surgisse e se consolidasse do nada, como algo totalmente novo, fora da tradição universal. A obra de Machado de Assis, *Memórias póstumas de Brás Cubas*, é considerada um marco nesta transição.

> Com *Memórias póstumas de Brás Cubas*, Machado de Assis inventou um estratagema estético que fez dele um escritor de importância universal. Importância universal quer dizer um autor de obras de valor estético universal, que, exatamente por isso, por serem obras de valor estético universal, são capazes de captar a história em movimento, ou seja, são realistas. (Bastos, 2006, p. 97)

Machado de Assis é considerado um ícone na literatura brasileira, por ter captado a realidade brasileira sem recorrer ao pitoresco da cor local e sem desconsiderar a forma literária europeia. Assim, Machado produziu uma literatura realmente brasileira porque alcançou, em suas obras, uma forma estética de valor não apenas local, mas universal, o que foi considerado um grande avanço para a época. "Quando Machado de Assis publica suas obras fundamentais, a formação do sistema literário brasileiro se completa. Entenda-se por isso: produz as primeiras grandes obras de valor estético universal" (Bastos, 2006, p. 97). Machado coloca como narrador um sujeito da classe dominante local e é isso que mostra a consciência da literatura quanto aos problemas reais da vida social brasileira.

O que queremos, ao citar o processo histórico e suas narrativas, assim como a formação da literatura brasileira, mesmo de forma simplificada, é problematizar o papel do narrador. Cientes das contradições evidenciadas no processo histórico sobre o uso da palavra escrita, o narrador e sua elaboração podem ser entendidos como focos de estudo, e as produções literárias ou a prática literária também podem ser encaradas como uma forma de representação política, onde o narrador é representante de um grupo social. Como se exemplifica a partir dos autores Jorge Amado e Graciliano Ramos, não basta ter comprometimento político com a classe, o narrador tem de dar a ver as especificidades da classe trabalhadora, para além das impressões superficiais.

Considerando as contradições do processo histórico e formativo do Brasil e da literatura, em especial em relação ao narrador, não podemos tomá-lo de início já como detentor da verdade e do poder da palavra, queremos compreender a dialética presente no uso da palavra, especificamente sobre o narrador de *A hora da estrela* – Rodrigo S. M. –, pois, caso o tomássemos apenas como detentor do poder da palavra, estaríamos correndo o risco de cair no senso comum, baseando-nos em critérios não estéticos, esvaziando a análise da obra politicamente. Queremos conhecê-lo e saber se suas potencialidades no uso da palavra estão em defesa de alguma classe, seja ela burguesa, seja trabalhadora, ou é um narrador alheio às classes sociais?

Rodrigo S. M. é um narrador letrado e Macabéa, personagem considerada iletrada, não no sentido propriamente dito de não alfabetizada, mas de uma personagem que foi privada no decorrer de sua vida do acesso à cultura, devido a sua condição de classe.

Seria, então, Rodrigo S. M., o narrador incorporado por Clarice, um representante da classe burguesa, que busca se apropriar do mundo de Macabéa, mundo este repleto de privações e de relações reificadas que a mercantilização da vida impõe? Um narrador que procura se aproximar de um mundo totalmente diverso do seu, o qual não apresenta privações econômicas, mas cujas relações sociais também não estão livres da reificação, cheias de futilidades e de relações de interesse?

Rodrigo é o ser letrado que durante a sua existência não teve privações, não se sente à vontade, nem com propriedade, para escrever sobre Macabéa, um ser tão diferente, um ser iletrado e cheio de privações. Para ter mais consistência na sua escrita, Rodrigo S. M. opta por se transformar, procura se vestir com roupas velhas, dormir pouco e não fazer a barba "sou um trabalhador manual. [...] Tudo isso é para me pôr no nível da nordestina." (Lispector, 1998, p. 20). Está preocupado com a produção de sua história, pois não é simples escrever sobre algo que não faz parte da sua realidade, por isso a necessidade de transformação.

Diante das palavras do próprio narrador, ele nos dá a entender que não faz parte da classe trabalhadora e não sabe agir como tal. Retomando a questão da representação, quem faz uso da palavra, não necessariamente detém o poder, pois como já mencionado anteriormente, há toda uma dialética de representação, onde a narração pode ser negociada entre o letrado e o iletrado, na perspectiva do melhor uso da palavra, tendo-se em vista a estética da obra. Sendo assim, Rodrigo S. M. é um burguês e natural seria se fizesse uso da palavra para a defesa de sua classe, ou desqualificação da classe trabalhadora, entretanto, não podemos negar a dialética presente na representação.

> A prática literária é também uma forma de representação política. Antes mesmo de colocar a questão da mimese literária – isto é, da obra como representação da história –, se coloca a questão do escritor como representante da sociedade ou grupo social. No caso da ficção, a condição de personagem cujo destino é mais ou menos negociado com o escritor-narrador é manifestação disso. (Bastos, 2006, p. 97)

Sendo assim, a representação política é internalizada na obra e se dá a ver a partir da negociação, realizada entre o letrado e o iletrado, ou seja, narrador e personagem, da qual depende, segundo Bastos, a eficácia estética da obra.

Para falar de destino mais ou menos negociado, o melhor é partir da relação de negociação estabelecida entre o narrador Rodrigo e Macabéa. Sendo Rodrigo um representante da classe burguesa, comprometido com a eficácia estética e política de sua obra, se vê necessitado da figura de Macabéa, uma retirante nordestina que vem tentar a vida no Rio de Janeiro, entretanto a moça é envolvida pelas relações de fetichização e, além de ela ser considerada iletrada, é ingênua demais para compreender a reificação do ser humano.

Entretanto, apesar da falta de consciência de Macabéa, o narrador precisa dela para narrar uma história de aflições que não é apenas dela, mas de todos os representantes de uma classe oprimida. No decorrer da narrativa, Rodrigo S. M. faz movimentos de aproximação da moça, ao mesmo tempo que se afasta, luta para vencer seus próprios preconceitos de classe. Mas ele precisa de Macabéa, pois a aproximação é uma necessidade estética e política que a representação literária exige, enquanto a vida imediata nega. Diante da necessidade, Rodrigo, assim como o narrador de Graciliano, faz uma negociação com a personagem Macabéa. Rodrigo precisa representar Macabéa, mas não pode falar por ela diretamente, precisa que ela exprima a real situação de desumanização em que se encontra, mas isso ocorre na obra de maneira mediada, inclusive pelo modo de ser do narrador diante da personagem: a culpa, o desdém ou a atração que sente por Macabéa.

A representação literária não dissociada de uma representação política é um assunto de muita complexidade, tendo em vista quem fala e de quem se fala. Considerando-se quem faz uso da palavra, ou seja, o narrador Rodrigo S. M., abre-se um leque de possibilidades de representação, entretanto seu uso não é aleatório, pois há um comprometimento estético, que é também político. Sendo assim, a narração que tem qualidade estética terá também um comprometimento social, histórico e político, em contraponto às muitas das produções realizadas anteriormente, pois, como explicita Bastos, a produção literária atuou como um processo de descolonização, especificamente na consolidação de um sistema literário brasileiro e "a prática literária é, por si mesma, uma arena de luta política, mas esta luta depende da eficácia estética" (Bastos, 2006, p. 93).

Especificamente sobre a narração n'*A hora da estrela*, a complexidade nesta representação se dá devido ao narrador fazer parte da classe burguesa, mas ter intenções de aproximação para com a realidade de Macabéa. Entretanto, este pode ser apenas um artifício de representação, de quem sabe a importância do uso da palavra. Como já dissemos, nas narrações produzidas no decorrer do processo histórico, há uma diversidade de representações e de comprometimento político, expressos através da literatura, cada autor com as especificidades de sua obra.

> Antonio Candido afirma que a literatura foi entre nós inicialmente, uma arma do colonizador e, em seguida, do seu descendente brasileiro, mas que, com o passar do tempo, ela veio veicular os interesses das culturas dominadas. (Bastos, 2006, p. 103)

Seria então Rodrigo S. M. um trabalhador manual comprometido politicamente com a classe da qual Macabéa faz parte, apesar de fazer parte da classe burguesa? Como expõe Candido, segundo Bastos, trata-se de um narrador comprometido com as classes dominadas? Ou seja, a afirmação de uma produção de uma literatura brasileira com eficácia estética, a produção do local com valor universal, também é uma arma para o processo de descolonização, e de afirmação do valor local. No caso de Rodrigo S. M., ele, apesar de fazer parte da classe burguesa, acaba por assumir um compromisso político com a classe trabalhadora, partindo do universal para a especificidade local. Ou, melhor dizendo, seu compromisso com a arte literária, com a verdade da literatura, exige dele um compromisso com a verdade de Macabéa, ainda que não se trate de uma posição política definida pelos parâmetros imediatos:

> Pretendo como já insinuei, escrever de modo cada vez mais simples. Aliás o material de que disponho é parco e singelo demais, as informações sobre os personagens são poucas.

> [...] o meu material básico é a palavra. [...] É claro que, como todo escritor, tenho a tentação de usar termos suculentos [...]. Mas não vou enfeitar a palavra, pois se eu tocar no pão da moça esse pão se tornará em ouro [...] e a jovem não poderia mordê-lo, morrendo de fome. (Lispector, 1998, p. 14-15)

O narrador, como ele mesmo se diz, é um trabalhador cujo material básico é a palavra. Ele se mostra, nesse sentido, comprometido com a sua escrita, que deve ser simples, de fácil interpretação para as classes desprovidas de um vocabulário rebuscado. Clarice Lispector, por sua vez, é uma escritora comprometida com o fazer literário e busca incessantemente produzir sua obra com eficácia estética, para isso, busca, por meio do narrador, compreender como é a vida de Macabéa. Assim, poderia se dizer comprometida com a produção de uma obra política, que não faz da política o seu escopo, entretanto a traz nas entrelinhas sutilmente, pois, segundo Bueno (2001, p. 252), "ela inaugurou entre nós uma ficção despreocupada de dar uma resposta imediata à realidade social". Diante disso, ela não nega em sua produção as relações de supremacia entre classes, mas usa a metáfora de tocar no pão da moça e este virar ouro, pois não é na negação das relações entre classes que se produz uma obra com valor estético, mas sim na narração que enfrenta as contradições mais profundas desta realidade imediata.

Essa supremacia que o narrador busca sempre reafirmar é a soberania da classe burguesa, a qual ele representa, sendo assim, seu comprometimento para com a realidade de Macabéa se dá no sentido do seu comprometimento com a escrita, ou seja, o seu trabalho. Mas não apresenta em nenhum momento a formação de consciência da personagem em relação às relações sociais estabelecidas. Há, sim, a expressão de uma consciência dilacerada por parte do narrador; poderíamos dizer que se trata de um sentimento de culpa de quem sente o anseio de salvar Macabéa da alienação, que, entretanto, não pode criar uma solução mágica e fictícia para a problemática real que a personagem carrega em si mesma. Ele tem em suas mãos o recurso da escrita, e assim o faz, utiliza de todos os mecanismos apropriados para a elaboração literária, na perspectiva de aproximar o leitor da realidade desumana de Macabéa.

Nesta relação de narrador e personagem, apesar de Macabéa obrigar dentro de Rodrigo S. M. a sua existência, o narrador não escreve sobre a moça como algo aleatório, ele apresenta a dificuldade de escrever, não apenas pela simplicidade da personagem em questão, mas especialmente diante dos limites que se impõem ao seu comprometimento com a palavra: "Não, não é fácil escrever. É duro como quebrar rochas. Mas voam faíscas e lascas como aços espalhados" (Lispector, 1998, p. 19). Comprometido com a estética literária, é capaz, em nome do fazer literário, de trazer os elementos do local, com as complexidades das relações sociais estabelecidas no mundo de Macabéa, nem que para isso seja necessário abrir mão de termos "suculentos" e seu trabalho se torne árduo diante do seu comprometimento com a realidade desta moça e do fazer literário e para se fazer compreender pela classe sobre a qual escreve.

> Por enquanto nada leio para não contaminar com luxos a simplicidade de minha linguagem. Pois como eu disse a palavra tem que se parecer com a palavra, instrumento meu. Ou não sou escritor? Na verdade sou mais ator porque, com apenas um modo de pontuar, faço malabarismo de entoação, obrigo o respirar alheio a me acompanhar no texto. (Lispector, 1998, p. 23)

Ciente da sua condição e da importância política que tem o seu fazer literário, há uma dialética exposta, pois ao mesmo tempo que ele é narrador e parece estar no comando da situação, ele percebe os seus limites e precisa de Macabéa para escrever.

E apesar de Macabéa fazer parte da sua narrativa, ela já tem o seu destino determinado desde o início, e o narrador apenas faz adiar a situação, para que o leitor se dê conta da forma desumana em que vive Macabéa.

> É. Parece que estou mudando de modo de escrever. Mas acontece que escrevo o que quero, não sou um profissional – e preciso falar dessa nordestina, senão sufoco. Ela me acusa e o meio de me defender é escrever sobre ela. Escrevo em traços vivos e ríspidos de pintura. Estarei lidando com fatos como se fossem as irremediáveis pedras de que falei. (Lispector, 1998, p. 17)

Começamos a nos questionar sobre o que o narrador quer dizer quando diz que Macabéa o acusa? Talvez Macabéa o acuse de ter consentido para a desumanização de que ela, assim como tantas outras, foi submetida. A desumanização aqui está no sentido de todas as privações que Macabéa passou desde a infância, em princípio a privação da família e do carinho que este ambiente proporciona; posteriormente vieram os trabalhos forçados, aos quais a tia lhe obrigara, não permitindo que Macabéa brincasse e aproveitasse a sua infância. Ao lado dessas privações pode se acrescentar a cultura, que foi subtraída da vaga existência de Macabéa. Mas se poderia pensar que importância teria a privação da cultura diante de tantas outras privações essenciais para a formação e sobrevivência de Macabéa?

A cultura tem um papel essencial para a formação de um ser humano, pois possibilita que ele amplie os seus horizontes e a sua humanização, pois, nesta sociedade, o que mais se nega é a humanização das pessoas. Apesar de ser muito ampla a compreensão que podemos ter sobre cultura, entendemos aqui a cultura também como espaço da arte, que tem como proposição tocar o ser humano na sua essência, de forma a contribuir para a sua humanização.

Sendo assim, Macabéa foi privada no decorrer da sua vaga existência dos meios que proporcionariam o desenvolvimento da formação de sua consciência ou humanização através da cultura. Entretanto, na sua simples compreensão do que seria cultura, a Macabéa só era permitido ter acesso à Rádio Relógio, que se propunha, sobretudo, a veicular anúncios, que Macabéa adorava, e, não, propriamente a produzir qualquer forma de cultura emancipadora e humanizadora. Como poderia, então, um espaço destinado à veiculação de informação se propor à fetichização da mercadoria? Somente após algum processo de formação de consciência crítica, é que é possível compreender que os meios de comunicação propõem a alienação em massa, o fetiche da mercadoria, que afeta a todas as pessoas, independentemente de sua classe social.

Se Rodrigo S. M. é letrado, é um narrador escritor, não desconhece, como Macabéa, a natureza degradante de todos esses elementos formadores da sociedade capitalista, por que então se propôs escrever sobre a inocuidade dessa moça? Esse narrador é muito perspicaz no uso das palavras, e assim se concebe. Não é preciso apresentar os fatos explicitamente, é preciso que façamos relações necessárias para a compreensão da realidade em que habita Macabéa. Diante desses elementos apresentados por ele, a sobrevivência de Macabéa não é algo simples, como assim não é a sobrevivência de qualquer ser humano da classe trabalhadora na sociedade capitalista, pois as relações são estabelecidas com base em interesses individuais, na intenção de valer-se da situação, como se apresentava Olímpico, cuja intenção era melhorar de condições de vida, nem que para isso tivesse que praticar atos considerados impróprios para a "sociedade civilizada", o roubo, ou ainda, conceber relações afetivas com intenção de ascender socialmente.

É nesta sociedade, em que as relações de interesse predominam, que Macabéa sobrevive, ingênua e inócua, feliz com sua condição de datilógrafa, que não faz nada para além da cópia e ainda com muita dificuldade. Como todos os seres, Macabéa também é um ser dispensável, pois não aperfeiçoou a técnica da datilografia e nem tem ambição de progredir socialmente. Rodrigo S. M. a narra assim, “Pois que a vida é assim: aperta-se o botão e a vida acende. Só que ela não sabia qual era o botão de acender. Nem se dava conta que vivia numa sociedade técnica onde ela era um parafuso dispensável” (Lispector, 1998, p. 29). Assim são considerados os seres humanos, como meros parafusos numa sociedade mecanizada, e Macabéa, para além de dispensável, era tola, pois não compreendia as relações que permeavam o âmbito social em que habitava.

Mas vamos um pouco mais além, qual seria a forma de Macabéa ascender? Ela, um ser tão sem perspectiva de vida, era feliz com o que a fazia sobreviver, pão e mortadela; não tinha ambição de nada além; acreditava que a união de uma datilógrafa com um metalúrgico resultaria na formação de um casal de classe. Macabéa teve apenas uma perspectiva de ascender socialmente: quando a cartomante a fez acreditar que ela encontraria um gringo rico, o qual lhe proporcionaria tudo aquilo que ambiciona uma moça que quer progredir.

Todas essas contradições expostas acerca da vida de Macabéa contribuem para compreender que o narrador Rodrigo S. M. precisa de Macabéa para ampliar sua consciência sobre as relações estabelecidas na sociedade; em contrapartida ele se mostra comprometido com a narração da estrutura mais profunda dessa realidade imediata, há uma troca entre ambos. É necessário que se tenha consciência de toda essa desumanização proporcionada pelas relações estabelecidas na sociedade capitalista, para que isso contribua na leitura e interpretação do mundo.

Conhecedor da situação de Macabéa e da vida inumana que as relações reificadas e a mercantilização da vida impõem, o narrador parece indicar que o espaço físico do Rio de Janeiro era propenso à desumanização; não que os demais espaços não o sejam ou que o narrador defenda a ilusão romântica de que talvez a vida não tivesse sido tão cruel com Macabéa se ela permanecesse no seu habitat natural. Na ascensão de vida tão disputada naquela sociedade, sendo Macabéa tão ingênua frente às relações reificadas, não haveria como e nem por que melhorar de vida, já que Macabéa era levada a acreditar que o que tinha era suficiente para ser feliz. Macabéa não tinha a intenção de voltar a estudar ou de aprimorar a técnica de datilografia, não correspondendo, assim, às perspectivas do mercado de trabalho, sendo considerada como um ser ultrapassado, impróprio, parafuso substituível, para as relações mercantis que se fortaleciam na sociedade.

Rodrigo S. M., apesar de ser produtor e escritor da obra, se mostra preocupado com a forma como escreve; apesar de afirmar que sua história não tem técnica, se apresenta angustiado com a palavra escrita, pois ela tem que ser coesa com a realidade simples de Macabéa, não adiantaria rebuscar a escrita, pois não condiria com a realidade simples da moça.

> Será que eu enriqueceria este relato se usasse alguns difíceis termos técnicos? Mas aí que está: esta história não tem nenhuma técnica, nem de estilo, ela é ao deus-dará. Eu que também não mancharia por nada deste mundo com palavras brilhantes uma vida parca como a da datilógrafa. (Lispector, 1998, p. 36)

A narrativa de Rodrigo S. M. é uma narrativa que busca romper com a escrita rebuscada, pois, segundo o narrador, a sua produção não tem técnica, nem estilo, é a deus-dará. Entretanto, esse narrador é também um personagem de Clarice; ele mesmo é resultado do estilo, da técnica e da narrativa que a escritora compõe; por isso, sua fala tem também um propósito estético. Estaria, então, Clarice, por meio desse narrador, problematizando o próprio trabalho do escritor diante da indústria cultural? Ao falar da realidade degradante de Macabéa, estaria ela evidenciando as contradições do desenvolvimento industrial?

Macabéa migrou em busca de um emprego, assim como Olímpico, mas, com o ápice da urbanização, foram desumanizados, assim como outros tantos de sua classe, devido às condições inapropriadas que o Estado oferecia. Rodrigo busca narrar essa realidade, mas de forma mediada pela problematização da escrita literária, não busca apresentar respostas, mas evidenciar as contradições que levaram à desumanização de Macabéa.

Como narrador, tem o poder sobre a vida de Macabéa, entretanto não pode inventar uma realidade paralela para a moça, muito menos uma solução fictícia para a vida de Macabéa, "O fato é que tenho nas minhas mãos um destino e no entanto não me sinto com o poder de livremente inventar, sigo uma oculta linha fatal" (Lispector, 1998, p. 21). Ele narrava a dureza de sobreviver numa sociedade onde a humanidade não era valorizada, as relações e a vida são reificadas, mas, apesar de ter a certeza do desfecho, era necessário narrar a *vida* de Macabéa: "Acho com alegria que ainda não chegou a hora de estrela de cinema de Macabéa morrer. [...] Eu poderia resolver pelo caminho mais fácil, matar a menina infante, mas quero o pior: a vida" (Lispector, 1998, p. 83). Com a morte, toda a peregrinação de Macabéa terminaria, a sua desumanização, a falta de consciência, a sua condição de ser iletrado.

E assim se faz, a morte de Macabéa surge quase que naturalmente, como uma necessidade, já que não se poderia inventar uma solução magistral.

> Por enquanto Macabéa não passava de um vago sentimento nos paralelepípedos sujos. Eu poderia deixá-la na rua e simplesmente não acabar a história. Mas não: irei até onde o ar termina, irei até onde a grande ventania se solta uivando, irei até onde o vácuo faz uma curva, irei aonde o meu fôlego me levar. Meu fôlego me leva a Deus? Estou tão puro

> que nada sei. Só uma coisa eu sei: não preciso ter piedade de Deus. Ou preciso? (Lispector, 1998, p. 83)

Esta relação de narrador letrado com personagem iletrado é muito complexa e permeada de contradições, pois não se trata apenas da relação entre dois seres, mas sim, da relação entre seres com condições sociais totalmente diversas, que representam forças sociais antagônicas, em que uns têm todas as oportunidades de formação de consciência e de bem-estar social, enquanto outros apenas sobrevivem, sem consciência efetiva das contradições estabelecidas socialmente e, diante disso, não têm como lutar contra a sua própria degradação, falta-lhes a consciência de classe.

Apesar das realidades diferentes, os dois, narrador e personagem, eram influenciados pelas relações reificadas e de fetichização da vida, com consciência ou não. Assim, a luta concreta se insere no campo da produção literária, que aponta para a necessidade da negociação entre narrador e personagem para que suas especificidades de classe se revelem em uma produção artística humanizadora que se constrói a partir das contradições.

Referências

BASTOS, Hermenegildo. "Formação e representação", *in: Cerrados*. Brasília: UnB, n. 21, ano 15, 2006.

_______. "A obra literária como leitura/interpretação do mundo", *in:* ARAÚJO, Adriana e BASTOS, Hermenegildo (org). *Teoria e prática da crítica literária dialética*. Brasília: Ed. UnB, 2011.

_______. "O custo e o preço do desleixo (trabalho e produção n'A hora da estrela)", *in: Revista brasileira de literatura comparada*, n. 6, 2002, p. 141-150.

BUENO, Luís. "Guimarães, Clarice e antes", *in: Teresa. Revista de Literatura Brasileira*. São Paulo: Ed. 34, 2001, p. 249-259.

CANDIDO, Antonio. "Literatura de dois gumes", *in: A educação pela noite e outros ensaios*. São Paulo: Ática, 1989.

_______. "No raiar de Clarice Lispector", *in: Vários escritos*. Rio de Janeiro: Ouro sobre Azul; São Paulo: Duas cidades, 2004.

LISPECTOR, Clarice. *A hora da estrela*. Rio de Janeiro: Rocco, 1998.

PAISAGEM POÉTICA E REALISMO EM *VIDAS SECAS*

Paulo Cesar da Costa

Pretendemos, com este texto, apresentar algumas percepções que tivemos sobre o sentido da paisagem em *Vidas secas*, de Graciliano Ramos. O enfoque no elemento paisagem não é fortuito. A paisagem, composta com a função de sugerir um determinado ambiente a partir do qual a ação se desenrola, é realmente dada ao leitor em momentos breves e, muitas vezes, mencionada apenas de passagem. Em inícios de capítulo, a paisagem aparece na obra em dois momentos; no início do primeiro capítulo, e depois, no capítulo XII, – "O mundo coberto de penas" –, que nos propomos a analisar. Entretanto, há momentos em que a paisagem aparece com maior frequência. É o caso do último capítulo em que ela é mencionada em diversos momentos.

Disposta como um traço do ambiente da narrativa, a apresentação da paisagem é econômica, mas, ao mesmo tempo, incisivamente presente na obra como um todo. Temos, assim, a paisagem presente já no capítulo "Mudança", o primeiro:

> Na planície avermelhada os juazeiros alargavam duas manchas verdes. (2003, p. 9)
>
> Os juazeiros aproximaram-se, recuaram, sumiram-se. (2003, p. 9)

> As manchas dos juazeiros tornaram a aparecer [...]. (2003, p. 12)

Ela se apresenta também no capítulo "O menino mais novo": "Viu as nuvens que se desmanchavam no céu azul, embirrou com elas. Interessou-se pelo voo dos urubus" (2003, p. 51).

No capítulo "Inverno", a paisagem volta a ser mencionada: "A catinga amarelecera, avermelhara-se, o gado principiara a emagrecer e horríveis visões de pesadelo tinham agitado o sono das pessoas" (2003, p. 65).

Está presente também no capítulo "Festa": "Eram três horas, fazia grande calor, redemoinhos espalhavam por cima das árvores amarelas nuvens de poeira e folhas secas" (2003, p. 71). E nos interessa especialmente a referência à paisagem no capítulo "O mundo coberto de penas". Primeiramente em: "O mulungu do bebedouro cobria-se de arribações. Mau sinal. Provavelmente o sertão ia pegar fogo" (2003, p. 108).

Depois temos trechos como este: "De repente, um risco no céu, outro risco, milhares de riscos juntos, nuvens, o medonho rumor de asas a anunciar destruição" (2003, p. 112).

Finalmente, no capítulo "Fuga", o último, encontramos trechos como esses:

> E Fabiano depôs no chão parte da carga, olhou o céu, as mãos em pala na testa. [...] Agora Fabiano examinava o céu, a barra que tingia o nascente, e não queria convencer-se da realidade. (2003, p. 117)
>
> Antes de olhar para o céu, já sabia que ele estava negro num lado, cor de sangue no outro, e ia tornar-se profundamente azul. Estremeceu como se descobrisse uma coisa muito ruim. [...] A luz aumentou e espalhou-se na campina. Só aí principiou a viagem. [...] Os mandacarus e os alastrados vestiam a campina, espinho, só espinho. (2003, p. 118)
>
> A manhã, sem pássaros, sem folhas e sem vento, progredia num silêncio de morte. A faixa vermelha desaparecera, diluíra-se no azul que enchia o céu. (2003, p. 119)

> Olharam os meninos que olhavam os montes distantes, onde havia seres mistérios. (2003, p. 121)
>
> Instintivamente, procurou no descampado indício de fonte. (2003, p. 123)
>
> Olhou as sombras movediças que enchiam a campina. (2003, p. 124)

Conforme pôde ser notado, a paisagem aparece apresentada pelo narrador, mas sempre dando o contraste visual em relação a algum personagem. Nos momentos em que é disposta na narrativa, serve não só como elemento que demarca determinada sucessão dos fatos, mas também dá enquadramento para as personagens, seus traços psicológicos e suas ações. Para perceber este elemento, procuramos desenvolver algumas observações a partir do penúltimo capítulo da obra "O mundo coberto de penas".

No penúltimo capítulo de *Vidas secas*, o leitor se depara com uma frase que, posta naquela altura da narrativa, age sobre o leitor de maneira curiosa. O enunciado vem depois de uma breve descrição. Há uma voz (na expressão de Luís Bueno, 2006), introduzida pelo narrador onisciente, sugerindo determinado ambiente a partir do qual as personagens passam a agir. "O mulungu do bebedouro cobria-se de arribações."

No entanto, esta é então entrecortada por uma segunda voz: "Mau sinal, provavelmente o sertão ia pegar fogo", é o que o leitor lê logo após a descrição. Uma das funções assumidas pela segunda parte do enunciado "provavelmente o sertão ia pegar fogo" é a de dispor neste capítulo os fatos anteriores da narrativa.

Ao leitor que, porventura, nunca tenha lido a obra, e resolva começar a leitura pelo capítulo em questão, deixando de lado o que o antecedeu, certamente, as palavras e o período referido serão lidos de outra maneira, e prevalecerá o sentido, por assim dizer, mais geográfico da palavra sertão.

Para o leitor que se deparou com o mundo constituído necessariamente até este ponto da narrativa, entretanto, se dará que o enunciado não apenas indica algo que irá acontecer, como responde também por uma certa organização de fatos e palavras disposta nos capítulos anteriores.

Ao colocar neste momento da narrativa a referida frase, o autor traz para o cenário do capítulo todo aquele mundo que até então foi dado ao leitor. Ao lê-la, o leitor já sabe que existe a fazenda, que existe um pequeno vilarejo com igreja, cadeia, cobrador de impostos. Sabe também que é neste ambiente que foram revelados os personagens, sua grandeza e miséria, de modo que todo este universo é ativado pela palavra no momento em que o leitor com ela se depara.

O fato de aparecer neste momento da narrativa não quer dizer que a questão, entretanto, esteja solta na obra. O leitor atento perceberá que o problema, tomado em si, vem ao texto já no final do segundo capítulo, "Fabiano". Neste, Fabiano cogita sobre a possibilidade de um dia não haver seca: "Seria que as secas iriam desaparecer, e tudo andar certo?".

Deixando de lado este dado aparentemente fortuito de a questão haver aparecido também em outro capítulo, o que parece mais instigante é a aparente indigência da frase. Diferente da primeira, a que aparece no segundo capítulo, esta: "O mulungu do bebedouro cobria-se de arribações. Mau sinal. Provavelmente o sertão ia pegar fogo", não está diretamente ligada ao seu emissor. Enquanto aquela é explicitamente creditada ao personagem Fabiano – e o leitor percebe que a frase vem de Fabiano porque ele já estava em cena antes mesmo de a frase aparecer – esta, diferentemente, vem ao texto antes de entrar em cena qualquer personagem.

Ao analisar a relação entre o discurso do narrador de *Vidas secas* e o do personagem Fabiano, Maria Izabel Brunacci fala da indistinção entre ambos:

> Uma espécie de consciência do processo social insinua-se no discurso de Fabiano, que percebe a existência de uma hierarquia maior que a instituição policial – 'os que mandam nela'. E isso se dá porque nesse monólogo ocorre um fenômeno discursivo raro na literatura brasileira, quando Fabiano parece se dirigir a si mesmo, usando os verbos no imperativo, como se fosse a uma segunda pessoa, um receptor de seu próprio enunciado. (Brunacci, 2005, p. 99)

A ocorrência de tal indistinção, naturalmente, leva para a questão já também referida por Hermenegildo Bastos ao apontar o aspecto da negociação entre narrador e personagem, narrador este, o qual foi nomeado por Antonio Candido por narrador procurador, isto é, que atua como uma espécie de procurador do personagem:

> O resultado é uma criação no sentido pleno, como se o narrador fosse, não um intérprete mimético, mas alguém que institui a humanidade de seres que a sociedade põe à margem, empurrando-os para as fronteiras da animalidade. (Candido, 1992, p. 106)

A questão é retratada por Brunacci (2005) no sentido de momentos em que o discurso é válido tanto para o personagem quanto para o narrador, pois se entrecruzam, no interior de um mesmo discurso, as emissões de diferentes enunciadores. O mecanismo foi tratado por Hermenegildo Bastos (2006) como um processo de *negociação* entre o escritor letrado e o personagem iletrado. No interior do romance o personagem impõe certas condições ao narrador para ser por este apresentado:

> A prática literária é também uma forma de representação política. Antes mesmo de colocar a questão da mimesis literária – isto é, da obra como representação da história –, se coloca a questão do escritor como representante da sociedade ou grupo social. No caso da ficção, a condição do personagem cujo destino é mais ou menos negociado com o escritor-narrador é manifestação disso. (Bastos, 2006, p. 99)

De fato, a rigor, a frase "Mau sinal, provavelmente o sertão ia pegar fogo", a esta altura da narrativa, tanto pode ser um enunciado do narrador, quanto pode ser, ao mesmo tempo, uma antecipação dos pensamentos da personagem Sinha Vitória. Esta transferência de sentido pode ser mais bem percebida na diferença entre as duas primeiras frases, que dão início ao capítulo. A frase "O mulungu do bebedouro cobria-se de arribações" é menos sugestiva do que a segunda, que diz: "provavelmente o sertão ia pegar fogo". É neste sentido que o discurso indireto livre ganha função, no movimento que engendra uma operação de caráter estético, de grande beleza para a narrativa brasileira; o recuo e a aproximação entre narrador e personagem. Este recuo e aproximação, neste capítulo, ganha significado estético certamente único, mas representativo do estilo de Graciliano Ramos.

Que a frase antecipe os pensamentos de um personagem é um dado plausível, e o mecanismo pelo qual isto se dá é uma discussão que vem de longa data, conforme brevemente mencionamos. Parece-nos instigante a questão de como é que a percepção do leitor, de que, neste capítulo, de fato, se está diante da personagem Sinha Vitória, vem ao leitor, antes mesmo de entrar em cena a referida personagem. O narrador, logo em seguida, esclarece que se trata de Sinha Vitória, mas o leitor de algum modo já o pressente.

Quanto ao significado, por assim dizer, ideológico da frase, ela lembra de chofre as proposições de Candido que constam do texto seminal "Literatura e Subdesenvolvimento" (2000). A consciência catastrófica do atraso, segundo assinalou Antonio Candido, é decorrente da constatação desoladora do deslocamento social e econômico que perpetua a condição de subdesenvolvimento aos países periféricos. Ao constatar que o tão sonhado progresso e a emancipação da nação não viriam, conforme se pensava na fase da consciência do país novo, os artistas e intelectuais são levados a contestar o atraso e a lutar. Não obstante, percebem a condição de atraso como sendo algo refratário ao progresso. Neste sentido, lucraríamos em nosso propósito se discutíssemos o fator ideológico. Precisamente porque, definindo seus limites, poderíamos melhor entender o que se dá no caso do nosso objeto.

A questão posta por Candido em relação à consciência do atraso é o problema da acepção de que a remoção do imperialismo traria por si só o almejado desenvolvimento. Um paralelo a esta questão pode ser o da consciência a respeito da relação entre os momentos de desenvolvimento e de crise no interior do capitalismo. Pela não percepção do processo inteiro de acumulação, a visão parcial produz a ideia de que crise e desenvolvimento são processos desligados entre si.

Sabemos que, para o nosso caso específico, importa a sondagem e a investigação de tais fatores, na medida em que os mesmos contribuem para a compreensão dos fatores estéticos; os que constituem no interior da obra, como se diria nas palavras de Antonio Candido, o vasto tecido do todo. Ou seja, é mister, para o crítico, elucidar a maneira pela qual os fatores externos, não artísticos, atuam na obra de modo a configurar um mundo com leis próprias, que transcendem de modo específico os componentes mais imediatos que configuram o momento histórico no qual a obra foi concebida.

Neste ponto, cabe ao nosso propósito tomar um posicionamento metodológico, que, em nosso modo de ver, nos coloca ante o nosso objeto de modo mais apropriado. Os elementos externos, sociais, psicológicos etc., devem ser olhados a partir do prisma da própria obra e não do seu conteúdo pré-artístico. Ou seja, não devemos partir, por exemplo, dos preceitos da sociologia, ou mesmo das leis da economia política ou qual seja a disciplina que se queira adotar. Assim, em nada ajudaria se, objetando explicar o significado da obra, passássemos a fazer levantamentos de informações e dados sobre a estrutura econômica ou do regime governamental da época em que a obra fora escrita, para, do ponto de vista destes, deduzir o valor da obra.

Devemos tomar a relação com os fatores externos considerando o que assinala Lukács (1967, p. 491) ao falar do conceito de catarse. O crítico húngaro ressalta que o conteúdo da tragédia grega, em Aristóteles, está baseado, sobretudo, nas relações mais agudas do homem com seu entorno, e que a catarse se desenvolve pela intensidade e veemência com que o personagem vive a contraditoriedade de sua existência. Logo, a ideia de destino do personagem não é uma noção totalmente imanente à obra, mas envolve a manifestação nela das forças vitais com que o homem se defronta no mundo.

Os personagens encarnam no seu modo de ser e de agir as forças vitais presentes na sociedade no momento de fatura da obra. O que, no entanto, resta instigante para o crítico é o fato de que o resultado desta transposição do real, que se dá na obra, conserva para o leitor um sentido humano, mesmo para leitores de épocas posteriores.

Ao tomarmos como elemento de análise a paisagem, portanto, temos na verdade o seguinte resultado: o que está em prevalência é a ação e não os caracteres. O meio físico está colocado como nivelador da ação e do caráter das personagens, e não como evocador de determinado aspecto geográfico ou pitoresco. Nossa prioridade aqui é, portanto, perceber de que modo os caracteres, as personagens, se ligam à ação. Achamos que o caso do capítulo em questão elucida este aspecto de maneira interessante.

Em “O Mundo coberto de penas” a narrativa das ações do personagem Fabiano inicia-se na esteira de um problema desencadeado por Sinha Vitória: as aves do bebedouro queriam matar o gado. Mas a observação de Sinha Vitória só vem ao texto quando o mau agouro das aves já havia sido anunciado antes pelo narrador. Este, o narrador, já evocava a ameaça imperiosa daquele estado de coisas para a vida dos personagens, de tal modo que a ameaça, tomada em si, já está presente antes mesmo de entrar em cena o casal: "O mulungu do bebedouro cobria-se de arribações. Mau sinal. Provavelmente o sertão ia pegar fogo." O leitor, assim, primeiramente é levado à paisagem, para somente depois ser levado até o casal e então tomar parte ante tudo aquilo pelo prisma do personagem Fabiano.

Se observarmos atentamente o caráter do ambiente "composto" no início deste capítulo, vemos que é ao mesmo tempo conciso e abrangente, no sentido de que, embora posto em poucas frases e imagens, nele se encontram todas as determinações necessárias para o desenvolvimento das ações. Cada imagem, cada elemento sugerido pelo narrador no início do capítulo tem uma profunda validade e determinação para a narrativa que depois põe em movimento os personagens. Se pudéssemos isolar o primeiro parágrafo e dispor as suas frases transpondo-as em um quadro, teríamos ali mesmo já uma figura de tudo o que se segue no capítulo. Basta atentar para a imagem do bando de pássaros que migra por falta de comida para reconhecer o caráter de presságio ou de destino antecipado nas primeiras frases do capítulo.

Não acreditamos que um determinado ponto da obra possa iluminar unilateralmente toda a sua estrutura e todo o seu significado. Por outro lado, acreditamos ser menos verdade ainda a ideia de que a obra seja um simples objeto autotélico, e meramente autorreferente. Primeiro porque a obra artística se nega a ser tão somente um objeto, fechado em si, cujo valor se esgota na relação imediata que é estabelecida com o leitor no momento da leitura. Se assim fosse, a obra não se diferenciaria da mercadoria, cujo valor se esgota no momento do seu consumo.

À parte disso, não deixa de ser pertinente se, partindo de determinado ponto, buscarmos suas conexões com outros elementos para daí compreender sua função e o seu significado para a obra.

A utilização do verbo na forma "ia", pretérito imperfeito, como se sabe, também serve para substituir o futuro do pretérito do indicativo (iria). Com relação à função da substituição, no uso cotidiano, imaginamos que pode ser muito variada no que se refere às possibilidades da língua. Aqui, pode nos interessar o fenômeno que liga o uso desta variação ao discurso indireto livre e suas sutilezas, sobretudo porque o discurso indireto livre não se dá de modo estanque no interior da obra.

É neste sentido que chamamos a atenção para o uso do verbo na frase "Provavelmente o sertão ia pegar fogo", em substituição ao "iria" no futuro do pretérito. A nosso modo de ver, a variação tem a ver com o movimento mais profundo da composição da obra. Se no uso cotidiano esta substituição pode soar um tanto mais coloquial que o uso do verbo no futuro do pretérito, no caso deste capítulo, o uso nesta forma assume função e efeito bem específico. O leitor que vem dos capítulos anteriores, e já se familiarizou com os meandros do discurso indireto livre, percebe que aí já se dá um movimento central desta obra, que é o da contaminação das palavras do narrador pelos pensamentos do personagem.

Um dos efeitos do uso do verbo no pretérito imperfeito (ia), assim, é o de aproximar a frase ao personagem. A aproximação é confirmada pela percepção cíclica do tempo que a frase sugere. Para o leitor, entretanto, resulta que ocorre aí uma espécie de identificação entre o emissor e o conteúdo da enunciação. Há uma aproximação entre ambos. A palavra sertão, antecedida pelo artigo definido, resulta, assim, como algo próximo e identificado ao emissor.

Paralelamente a tal aproximação, é interessante para o nosso propósito, perceber outro aspecto. O uso do verbo no modo apontado resulta, no nosso caso, em algo semelhante ao que descrevia Maria Izabel Brunacci ao falar do momento em que não se distingue se a frase é do emissor ou do interlocutor, chamado por ela de indistinção, conforme já assinalado. Aqui ocorre semelhante indistinção, só que do tempo do foco narrativo. O elemento mais evidente é, entretanto, o curioso amálgama criado pela forma com que o enunciado representa o tempo do foco narrativo. Pelo fator formal já apontado inicialmente da palavra sertão, em que a função é pôr em evidência o mundo configurado nos capítulos anteriores, e por este efeito de indistinção criado pelo uso do verbo na forma do pretérito imperfeito, resulta que a frase coloca o tempo representado pela alusão à ameaça, em três formas.

Uma é o passado equidistante do emissor, cuja evocação torna-se possível pelo uso do verbo na forma referida. Neste, a ameaça é remetida a algo que ocorreu num passado longínquo. Esta forma sempre vem ao texto pela lembrança que se repete nas personagens de algum fato que simboliza um acontecimento trágico. Por exemplo, Sinha Vitória se lembra do episódio em que matara o papagaio para sobreviver, o menino mais velho lembra-se do episódio em que caíra no chão deixando de perceber o mundo exterior.

Outra forma evocada é a de um presente. Ela ganha sentido pela associação que a frase faz da ameaça de um fenômeno cotidiano, que remete ao fato, por exemplo, de que um dia pode ser mais quente que outro.

A outra forma do tempo na enunciação é a do futuro, próximo ou distante. Ela indica a possibilidade de algo acontecer, e é evocada pelo sentido de presságio representado pela frase.

Esta representação do tempo em tempos diferentes não está apenas na estrutura sintática da narrativa. Há um momento em que o próprio narrador introduz o tema nas palavras da personagem Sinha Vitória. É o que se dá no capítulo "Fuga":

> Chegou-se a Fabiano, amparou-o e amparou-se, esqueceu os objetos próximos, os espinhos, as arribações, os urubus que farejavam carniça. Falou no passado, confundiu-o com o futuro. Não poderiam voltar a ser o que já tinham sido? (Ramos, 2003, p. 119)

A ideia de destino interessa para nós na medida em que ocorre a colocação da ameaça na segunda forma referida, em que o sentimento da ameaça deixa de ser apenas uma referência a uma realidade distante, separada do presente das personagens, alheia a elas, para tornar-se fator vital. Para isso, a percepção deve deixar de ser apenas uma constatação em hipótese, para tornar-se algo ligado ao cotidiano. Neste sentido, a representação ganha mais dramaticidade, na medida em que, ligando a ameaça ao presente cotidiano, conecta tal ameaça ao passado e ao presente.

A questão da representação do tempo em movimento é central também para situar a paisagem em *Vidas secas*. Percebemos que a paisagem não aparece apenas como elemento que agrega determinado espaço. Mas na *forma* como aparece na obra, mesmo a paisagem natural, sendo focada nos momentos em que aparece pelo mecanismo da antropomorfização, transforma-se num índice transfigurador de tempo e não apenas de espaço.

Pensemos por exemplo na paisagem que dá início ao primeiro capítulo de *Vidas secas*. Conforme se pode perceber, temos: "Na planície avermelhada os juazeiros alargavam duas manchas verdes". Não temos aí uma descrição de objetos dispostos de maneira decorativa. Temos uma oposição entre a planície avermelhada e as duas manchas verdes dispostas segundo determinada perspectiva.

Nesta perspectiva está contida a figuração do tempo de que falamos, mas também está ali o ponto de vista do narrador que introduz a paisagem como elemento da narrativa. Este aspecto do caráter espaço temporal na arte é desenvolvido do ponto de vista teórico pelo crítico húngaro Georg Lukács na *Estética* (1967). O que queremos ressaltar nesse sentido é que a paisagem que aparece em *Vidas secas*, configurando um espaço poético ou criando um mundo onde vivem os personagens, não é desprovida do elemento que Lukács chamou de "*cuasitiempo*":

> Así aparecen ya en el lenguaje de la cotidianidad y en la terminología de las ciencias sociales reflejos de importantes hechos de la vida que, en nuestra opinión, podrían designarse del modo más oportuno con las expresiones de cuasiespacio y cuasitiempo. (1967, p 390)

No capítulo de sua *Estética* (1967), intitulado "Misión desfetichizadora del arte", Lukács desenvolve uma profunda e complexa reflexão sobre as formas de fetichização da vida no capitalismo. Segundo o autor, a principal característica das tendências fetichizadoras do reflexo da realidade seria a constante separação de espaço e tempo, derivada de determinadas tendências do pensamento e da sociedade.

A contraposição a esta separação é apontada pelo autor em pensadores como Hegel, que tratou filosoficamente do problema, demonstrando que não existem espaço e tempo separados da matéria e do movimento, que também são indissociáveis. Em se tratando deste fenômeno, a separação espaço-temporal do reflexo da realidade, o autor propõe que, no espaço do cotidiano e em algumas áreas das ciências sociais, surgem constantemente reflexos do que o autor denomina como quase-tempo e quase-espaço, impulsos estes que vão em contracorrente à separação espaço-temporal.

Com esses conceitos o autor, então, desenvolve a teoria de que toda obra de arte, mais precisamente as artes figurativas, como o autor chama, tendem a desenvolver em seu interior impulsos de dissolução da contradição espaço-temporal, seja nas artes em que predomina o reflexo temporal-auditivo, como na música e na literatura, seja nas artes em que predomina o reflexo espaço-visual, como na pintura e na escultura. Um fato básico, para Lukács, é o de que em toda obra de arte, tem de aparecer o impulso de unidade desta dimensão espaço-temporal.

As questões postas pelo filósofo e crítico húngaro remontam não apenas a aspectos da crítica moderna, mas nos levam às questões colocadas desde Aristóteles. No seu ensaio sobre Graciliano, ao falar da obra *São Bernardo*, Carlos N. Coutinho (1978) toca no fator da unidade entre caráter e ação, procurando demonstrar como, naquele romance, ambos os aspectos ganham coerência e unidade. De fato, isto nos leva para as observações de Lukács a este respeito.

Segundo Lukács, na literatura, vale o postulado, tão problemático para a vida, porém, fundamental para a arte, de que destino e o ânimo do personagem são ambos a mesma coisa. Esta noção já desde Aristóteles cobra importância central para a literatura, pois é nela que se funda um pressuposto fundamental para se compreender na configuração do caráter do herói as bases elementares do desenvolvimento de uma ação, remetendo, portanto, à relação entre o interno e o externo do personagem. É esta relação que torna possível na obra o desenvolvimento esteticamente pertinente das ações.

Na *Poética* (1986), ao falar da definição de tragédia, Aristóteles fala sobre a unidade de caráter e ação. Para o filósofo, a finalidade dos caracteres é o desenvolvimento de uma ação. Ao falarmos da função da paisagem neste capítulo de *Vidas secas*, estamos querendo, em verdade, sondar de que modo estas leis se realizam no interior deste capítulo, procurando perceber de que modo o estilo contribui para a realização delas.

Quer dizer, trata-se das mesmas perguntas que se faz, em "Narrar ou descrever", Georg Lukács (2010). A poesia das coisas, como se constitui? Como pode algo adquirir sentido poético? Note-se que as perguntas não tomam o termo "poético" apenas no sentido da lírica, mas no sentido em que se refere Aristóteles na sua *Poética*. Procuraremos para o nosso objetivo fazer a mesma pergunta quanto à paisagem. O que torna a paisagem poética?

Em "Narrar ou descrever", afirma Lukács:

> Se não revelam traços humanos essenciais, se não revelam as relações orgânicas entre os homens e os acontecimentos, entre os homens e o mundo exterior, as coisas, as forças naturais e as instituições sociais, até mesmo as aventuras mais extraordinárias tornam-se vazias e destituídas de conteúdo. (2010, p. 162)

Lukács relaciona a poesia das coisas ao desenvolvimento do tempo. Demonstrando que o método narrativo encerra não apenas um modo entre outros de representar a realidade, mas corresponde a uma postura específica do escritor frente ao mundo. Lukács fala dos avanços e recuos empreendidos pelo escritor. O ponto de vista referido está ligado ao tempo assumido pelo narrador ao narrar coisas já acontecidas. O autor ilustra a implicação de tal ponto de vista pelo resultado que tem para o leitor:

> Mesmo não sabendo antecipadamente o que acontecerá, o leitor pode pressentir com suficiente exatidão o caminho pelo qual tendem os acontecimentos em decorrência da lógica interna e da necessidade interior existentes no desenvolvimento dos personagens. De fato, o leitor não sabe tudo sobre o desenvolvimento dos personagens; em geral, contudo, sabe mais do que os próprios personagens. (Lukács, 2010, p. 166)

Conforme se pode perceber, temos aí o contraste entre dois pontos de vista, o que narra em relação ao que descreve. Lukács demonstra o modo pelo qual, no predomínio da descrição, os elementos acidentais perdem o vínculo necessário com a ação, resultando no abandono da verdadeira poesia. A prosa desprovida de ação destrói a unidade da representação, deformando o reflexo da realidade. A unidade entre as partes e o todo se desfaz. Ao nivelar todos os elementos da narrativa num mesmo plano, a descrição passa para segundo plano os elementos centrais da narrativa, deformando a necessária proporção e a seleção artisticamente eficaz que deveria subsistir na composição.

> Com a perda da verdadeira arte de contar, as particularidades deixam de ser portadoras de momentos concretos da ação, os pormenores adquirem um significado que não depende mais da ação ou do destino dos homens que agem. Com isso, perde-se toda e qualquer ligação artística com o conjunto da composição. A falsa contemporaneidade, que é própria da descrição se manifesta, assim, na desintegração da composição em momentos desligados e autônomos. (Lukács, 2010, p. 167)

Correlatamente ao abandono do distanciamento histórico, uma perspectiva calcada na descrição e na observação, constituindo um falso objetivismo, abandona a conexão entre os acontecimentos e perde-se o fio que os prendem às ações das personagens. Estas, as personagens, são apresentadas como meros espectadores dos objetos e dos fatos sem que haja entre ambos uma necessária reciprocidade. Suas características não têm relação viva com o meio social e já aparecem como resultado acabado. Não chegam a vir a ser alguma coisa, simplesmente são desse ou daquele modo, por força do acaso.

> O resultado é uma série de imagens estáticas de naturezas mortas, que só materialmente se ligam entre elas: dispõem-se, segundo a lógica interna de cada uma, umas ao lado das outras, e não umas depois das outras, e muito menos umas derivadas das outras. Aquilo a que se dá o nome de ação não passa de um tênue fio que alinha as imagens estáticas e institui uma sucessão temporal fictícia entre elas, uma sucessão ineficaz e acidental. (Lukács, 2010, p. 168)

Lukács desenvolve uma reflexão sobre as consequências de método descritivo que resulta na exacerbação do objetivismo e do subjetivismo. "Sobre coisas inanimadas, fetichizadas, passa o hálito sem vida de um fugaz estado de ânimo" (2010, p. 171). Para concluir que, em verdade, "não existe na literatura uma "poesia das coisas" independente dos acontecimentos e das experiências da vida humana" (2010, p. 173).

As coisas adquirem valor poético à medida que se tornam mediação de relações humanas que se evidenciam na ação. "A descrição não oferece, portanto, a verdadeira poesia das coisas, limitando-se a transformar os homens em seres estáticos, em elementos de naturezas-mortas" (Lukács, 2010, p. 173).

O importante desta colocação de Lukács é o resultado do descritivismo por ele apontado para as qualidades psicofísicas dos personagens:

> As qualidades humanas passam a existir uma ao lado das outras e são descritas nesta sua presença simultânea, em vez de se integrarem reciprocamente e de comprovar assim a unidade viva da personalidade nas diversas atitudes por ela assumidas, em suas ações contraditórias. (Lukács, 2010, p. 173)

Destas críticas de Lukács, interessa para nós de modo especial a consideração que faz o autor sobre o ambiente. Ele diz: "À falsa vastidão dos horizontes do mundo exterior corresponde, no método descritivo, um estreitamento esquemático na caracterização dos homens" (2010, p. 173).

Quer dizer, aqui Lukács vincula explicitamente a figuração do ambiente à caracterização das personagens.

Tomemos algumas asserções do crítico Antonio Candido, do seu texto *Ficção e Confissão*. O crítico assinala que em *São Bernardo* não há uma única descrição, no sentido romântico ou naturalista da paisagem.

> No entanto, surgem a cada passo a terra vermelha, em lama ou poeira; o verde das plantas; o relevo; as estações; as obras do trabalho humano: e tudo forma enquadramento constante, discretamente referido, com um senso de oportunidade que, tirando o caráter de *tema*, dá significado, incorporando o ambiente ao ritmo psicológico da narrativa. (Candido, 1992, p. 32)

Ao falar de *Vidas secas*, diz o crítico que Graciliano "solda no mesmo fluxo o mundo exterior e interior.". E continua:

> Em nenhum outro livro é tão sensível quanto neste a *perspectiva recíproca*, referida acima, que ilumina o personagem pelo acontecimento e este por aquele. É que ambos têm aqui um denominador comum que os funde e nivela – o meio físico. (Candido, 1992, p. 47)

Com estas asserções, temos mais de perto evidências que elucidam o sentido que a paisagem tem para a narrativa em *Vidas secas*. O meio físico, a que a paisagem dá forma, não é apenas elemento de descrição, mas, como diz o crítico, serve para soldar os acontecimentos e o caráter das personagens num mesmo fluxo. Quer dizer, ação e caráter são mediados por um elemento: o meio físico.

Partimos da constatação de que a paisagem neste capítulo não é apenas detalhe, pois está, por assim dizer, amarrada ao complexo tecido a que se prende o estilo, enfim, ao todo que compõe a obra. Resta demonstrar elementos que ligam neste capítulo a paisagem aos personagens. A dialética do externo e do interno ao personagem, à qual se referiu Candido na passagem antes citada, e a qual também o crítico e teórico Lukács desenvolve em vários de seus escritos, tem nisso talvez um valor elucidativo aqui pertinente. Tomemos a frase referida no início deste ensaio "As arribações matam o gado". Por um lado, quando a frase aparece nos pensamentos de Fabiano, impressiona o leitor pelo fato aparentemente coincidente de que as aves já haviam aparecido anteriormente na descrição da paisagem. Por outro lado, vemos que ela não aparece para Fabiano apenas como uma simples frase na qual se delineia a prevista ameaça, o destino seu e de sua família. A frase é, sobretudo, dotada de um conteúdo simbólico, pois, nas palavras de Fabiano, constituía "tiradas embaraçosas" que Sinha Vitória de vez em quando dizia.

Num primeiro momento essas tiradas demonstravam-se incompreensíveis. Indo talvez mais a fundo, podemos dizer então que, de um lado, a frase cumpre a função de externar a índole de Fabiano, no sentido de compor determinado modo de ser deste personagem. Por outro lado, a frase resulta da situação que se apresentava aos personagens: as aves que se arranchavam na árvore traziam mau agouro. As aves são tanto um elemento da paisagem, como também formam um elemento no qual os personagens projetam seu destino próximo, que passa então a ser vivido interiormente por Fabiano.

A paisagem, portanto, representa tanto um aspecto externo ao personagem como também, num outro plano, é ela que suscita na narrativa o desenrolar de uma vivência interior profunda do personagem, que ocorre na medida em que este desvenda o conteúdo, o significado da frase de Sinha Vitória. Nesta vivência interior do personagem Fabiano, o leitor acompanha, na verdade, os passos ou as gradações de um momento de sua humanização. Este profundo intrincamento entre o externo e o interno nos personagens talvez seja um dos motivos pelos quais tanto se comentou a respeito da importância que o meio exerce sobre os personagens de *Vidas secas*.

Quanto ao fato de ser este um momento de reconhecimento do personagem Fabiano, há elementos consideráveis que podem aqui ser lembrados. Do ponto de vista da crítica, há o texto do professor Hermenegildo (2006), "Formação e Representação", em que o referido autor salienta a validade que tem a frase de Sinha Vitória para o personagem Fabiano. Conforme ressalta, sobre Fabiano, não se tratava apenas de descobrir as palavras de Sinha Vitória, mas de desvendar todo o sistema capitalista. Soma-se a isto a análise de Luís Bueno que vê uma relação entre o capítulo "O mundo coberto de penas" e o capítulo "Fabiano", que manteriam entre si uma relação *especular* pela relação de satisfação e insatisfação, cuja situação é acompanhada por uma mudança psicológica de Fabiano:

> Pensando na formulação de Sinha Vitória de que as arribações matam o gado, Fabiano põe em revista o período de tempo em que viveu ali. Seu estado de espírito é outro: ao invés de cama e resignação, ele se desespera e desvia seu rancor contra patrão e o soldado para as aves, que mata às dezenas. (Bueno, 2006, p. 652)

A análise dos personagens também pode ser feita considerando-se os elementos casuais representados pelos acontecimentos do interior do romance. Fabiano, ao ir à vila, é confrontado pelo soldado amarelo, mas, não por acaso, ao voltar no mesmo local, com a intenção de vender um porco, depara-se com o cobrador de impostos.

Como se percebe, são determinados episódios que representam elementos casuais da narrativa, com os quais Fabiano se defronta. Num certo sentido se poderia dizer que o dilema de Fabiano é o fato de sua vida ser regida por elementos casuais, ou seja, pelo azar. Fabiano de algum modo percebe isso, ele pensa com frequência nas contas, mas ao mesmo tempo no soldado amarelo, e percebe que está ininterruptamente condicionado por fatores aparentemente casuais, dos quais não consegue cobrar um sentido, um significado.

Mas isso não quer dizer que este personagem não tenha uma maneira de olhar para os acontecimentos que lhe sucedem e, portanto, para sua condição. Ao contrário, isso evidencia que Fabiano tem um modo próprio de percebê-

-los; ele parece transferir para tais acontecimentos, e para relações que são casuais, uma percepção causal. Do seguinte modo: Fabiano parece transferir as relações causais do meio físico, da natureza, para os acontecimentos e para fatores que incidem na sua vida tais como as contas com o patrão. Ele percebe estes elementos, o soldado amarelo, o cobrador de impostos, o patrão, como uma rede de causalidade, como se tais instâncias fossem ligadas por uma rede de causalidade incontestável tal como a sucessão dos dias. Daí sua recorrente resignação. No entanto, seria limitado para o romance se ele apenas se fechasse na percepção de Fabiano. E é com Sinha Vitória agindo que esta rede em certo sentido fechada – em que os acontecimentos são, por assim dizer, contrabalanceados por uma relação causal –, ganha outro sentido no interior do romance. É no capítulo "O mundo coberto de penas" que o leitor vê o ponto de vista de Fabiano ser confrontado com a visão de Sinha Vitória.

"O mundo coberto de penas" inicia com a constatação de Sinha Vitória de que "Provavelmente o sertão ia pegar fogo", mas logo a constatação é confrontada com uma outra frase de Sinha Vitória: As arribações "queriam matar o gado". Ora, o sentido da frase de Sinha Vitória, "As arribações matam o gado", dialoga, no interior do romance, com a constatação por ela compartilhada com o narrador. A rede de causalidade, uma relação ininterrupta de causas e efeitos, no caso, um dado do meio físico – a natureza –, é também constatada por Sinha Vitória, mas, ao ser relacionada a um fator ligado à vida dos viventes da fazenda – o gado –, deixa de ser um mero fator causal. Daí se entende porque é tamanha a reação de Fabiano e tamanho seu deslumbramento diante do raciocínio de Sinha Vitória, deslumbramento não apenas em função da frase embaraçosa, mas porque ela expressa um rompimento ou uma contraposição ao modo como ele percebe as relações entre os fatos que sucedem a ele e a sua família. Finalmente o leitor aqui se depara com uma visão que suplanta a percepção reificada dos fatos.

Onde está, no entanto, a grandeza do procedimento de Graciliano ao fazer com que Sinha Vitória questione tal encadeamento de fatos, cuja lógica é vista por Fabiano como imperiosamente irrefutável, porque regida por uma relação de causalidade? No fato de que tal questionamento não surge de fora da obra. Quer dizer, não é o escritor, nem mesmo o narrador quem impõe um tal questionamento. Ele surge da própria natureza do modo de ser de Sinha Vitória.

Luís Bueno aponta como para o menino mais velho o meio físico é sinônimo de segurança; o mal não está no espaço, mas no tempo:

> O inventário do menino inclui todo o mundo que ele conhece e lhe incute grande confiança: não há nada de ruim que possa atingi-lo. O mal não está no espaço, mas no tempo, já que "antigamente os homens tinham fugido à toa cansados e famintos. (Bueno, 2006, p. 656)

Assim também Sinha Vitória vê o mundo externo de um ângulo diverso do de Fabiano. Mas aqui, embora pareça contraditório, permita-se uma proposição: a visão de Sinha Vitória é diversa da de Fabiano por um motivo aparentemente óbvio, mas considerável. É que Sinha Vitória parte de Fabiano para perceber as coisas e o mundo à sua volta. Isso fica mais claro se pensarmos na cena em que Sinha Vitória conclui que, uma vez que Fabiano roncava com segurança, então a seca não viria. Diferente é a situação de Fabiano. O personagem com quem Fabiano talvez tenha maior ligação no presente é o patrão, mas com este não pode haver nenhum tipo de sentimento a não ser o da revolta que o patrão inspira em Fabiano.

Uma vez que Sinha Vitória pode ter em Fabiano uma fonte de comunhão com o mundo, a sua própria visão em relação ao mundo é diversa. De que modo? Sinha Vitória vê casualidade aonde Fabiano só vê causalidade. Se Fabiano vê como causalidade o que é regido pela casualidade, Sinha Vitória vê o mundo externo, o meio físico por via de Fabiano, uma relação de causalidade por um fator casual. Fabiano vê as suas relações com o mundo, um fator casual por via de fatores do exterior e de elementos constituídos por uma relação causal.

Assim se revela a grandeza de Fabiano, porque, neste sentido, ele é o personagem em que está representada a reificação. Diferente é o caso de Sinha Vitória. Ela vê as coisas pelo prisma da casualidade, mas pela relação dela com Fabiano. Daí porque, quando ela olha para o mundo exterior, vê nele um elemento casual, como é o fato de a seca ser causada por um elemento da natureza aliado a um fator da vida econômica humana, o gado, e quando está na cidade, vê através das barracas o objeto de seu desejo, a cama de couro. A natureza da personagem Sinha Vitória permite a ela contrapor a cosmologia do personagem Fabiano.

A unidade entre caráter e ação e, num mesmo sentido, aguçando um pouco a percepção, leva à lei já referida, em que Lukács menciona a unidade entre ânimo e destino dos personagens na arte. São elementos que nos levam a sugerir que neste capítulo pode-se perceber que o ânimo de Fabiano antecipa ao leitor o que pode vir a acontecer com ele, o que revela a ocorrência de leis mais profundas e gerais da arte no interior deste capítulo, mostrando que há genuína coerência entre personagem e ação em *Vidas secas*.

Referências

ARISTÓTELES. *Poética*. Porto: Casa da Moeda, 1986.

BASTOS, Hermenegildo. "Formação e representação", *in: Cerrados*. Brasília: UnB, n. 21, ano 15, 2006.

BRUNACCI, Maria Izabel. *Graciliano Ramos: um escritor personagem*. Belo Horizonte: Autêntica, 2005.

BUENO, Luís. "Guimarães, Clarice e antes", *in: Teresa. Revista de Literatura Brasileira*. São Paulo: Ed. 34, 2001, p. 249-259.

______. *Uma história do romance de 30*. São Paulo: Editora da Universidade de São Paulo; Campinas: Editora da Unicamp, 2006.

CANDIDO, A. "Literatura e subdesenvolvimento", *in: A educação pela noite e outros ensaios*. São Paulo: Ática, 2000.

______. *Ficção e confissão*. Rio de Janeiro: Ed. 34, 1992.

COUTINHO, Carlos Nelson. "Graciliano", *in:* BRAYNER, Sônia (org). *Graciliano Ramos*. Coleção Fortuna Crítica. Direção de Afrânio Coutinho. Rio de Janeiro: Civilização Brasileira, 1978.

LUKÁCS, Georg. *Estética I. La peculiaridad de lo estético*. Barcelona – México: Ediciones Grijalbo, 1967.

______. "Narrar ou descrever", *in: Marxismo e teoria da literatura*. São Paulo: Expressão Popular, 2010.

RAMOS, Graciliano. *São Bernardo*. São Paulo: Martins, 1972.

______. *Vidas secas*. Rio de Janeiro; São Paulo: Record, 2003.

TRABALHO: A FORMA ESTÉTICA DA POESIA ORIDEANA

Tiago Andrea Sottilli

Neste artigo faremos a leitura de três poemas do primeiro livro de Orides Fontela, *Transposição*, de 1969, além de um poema também intitulado "Fala", do último livro da poeta, *Teia*, de 1996. Os três poemas – "Fala", "Torres" e "Mãos" – têm seu foco no trabalho estético e na relação problematizadora com trabalho em geral. A partir deles, e associando-os a outros poemas da autora, buscamos verificar a hipótese de que o trabalho estético e também o trabalho humano entendido de forma ontológica têm lugar central na obra de Orides.

O que significa dizer que algo é central em um sistema poético? O que significa dizer que a inquietação orideana é com o fazer poético? Que traço isso confere à sua poesia? Qual a marca que o trabalho dá à poesia orideana?

Um traço importante da poesia de Orides é justamente o *imaginar ser*, o pensar sobre o objeto a ser produzido, o que é também elemento importante do trabalho humano de forma geral: a questão teleológica. A inquietação orideana com o trabalho, que é sua matéria fundamental e que forma sua base poética, sugere uma ligação entre sua forma de fazer poesia e o caráter teleológico do trabalho. Ao labor estético estão ligadas duas ideias fundamentais em sua poesia, *forma* e *ser*, ambas lucidamente articuladas e demasiadamente tratadas ao longo da sua obra.

Por isso, antes de entrarmos diretamente na leitura dos poemas é preciso, minimamente, esclarecer dois pontos interligados: trabalho (na dimensão ontológica) e teleologia.

Por mais que sejam conceitos diferentes, segundo a linha marxista de argumentação, trabalho, ontologia e teleologia, no mundo e na teoria, não existem de forma independente um do outro, já que é o trabalho, essencialmente humano, por isso ontológico, que imprime no mundo a marca do humano e, assim, a sua teleologia individual e coletiva. Teleologia tem a ver com finalidade, ambas ligadas ao ato laboral humano. Conforme diz Celso Frederico,

> O fato de a finalidade surgir primeiro para a consciência e só depois ser efetivada determina que em toda atividade laborativa os meios sejam dispostos em função do fim, isto é, que a causalidade opere para realizar a teleologia. Esta, uma vez consumada, transforma-se em meio para novas finalidades, e assim sucessivamente. (Frederico, 2013, p. 153)

A ontologia é o ser social na sua ação sobre o mundo. "A história do gênero humano, do ser social, inicia-se com o movimento teleológico ininterrupto inaugurado pelo trabalho" (Frederico, 2013). Por isso, sob essa perspectiva, não só o trabalho possui marca ontológica humana, que na verdade é uma marca inaugurada por ele, mas está presente também em outras facetas da atividade humana.

> Pela ação do trabalho realiza-se o *primeiro* salto formador do ser social. Surge, a partir daí, o *ser-em-si* do gênero humano, que, com advento da consciência, do trabalho e da linguagem, dá início à epopeia da espécie, à caminhada em direção à generidade *para-si* tornada agora possível. Enquanto nos demais animais o gênero reproduz-se silenciosamente nos exemplares singulares, sem que esses tenha consciência de si mesmos como pertencentes ao gênero, o trabalho humano e a linguagem, atividades cons-

> cientes e sociais que puseram fim ao mutismo da espécie, desde o início ligaram o indivíduo ao gênero. (Frederico, 2013, p. 155-156)

O trabalho é o primeiro ato verdadeiramente humano ontológico capaz de ser universal, é o que diferencia o homem do animal. Por ele chegamos ao ato da linguagem, que não é a primeira forma de trabalho (que diferencia o homem dos outros seres), mas uma forma especial de trabalho que mantém características da primeira forma, mas permite ao homem uma incidência maior sobre o mundo, sobre os outros seres e sobre si mesmo.

O trabalho exige do homem uma atividade de seleção, que também é essencial à fatura da poesia, pois é próprio do humano selecionar os instrumentos adequados a cada atividade criadora. No caso da poesia de Orides, a seleção funciona como uma etapa do processo de criação, no sentido de que a autora pode prever teleologicamente o que exige seu tema. Funciona como um momento de tentar adequar o instrumento para o tipo de trabalho que está por vir.

Nesse caso especificamente, Orides Fontela parece optar, na construção de seus poemas, por uma forma muitas vezes impessoal, isto é, o instrumento por ela escolhido é o de fazer da estrutura a força organizadora do texto poético, no qual o *eu lírico* não está manifestamente atuante. Essa forma funciona antes do processo e também durante ele, e nos parece que ambos não podem conviver harmonicamente dentro da construção, tornando-se assim uma forma constante de sua poesia, um traço que a diferencia.

Como uma forma de trabalho, a poesia possui uma vantagem em relação a outras artes e outras formas de linguagens, a vantagem de fugir de esquemas explicativos da realidade, o que faz é problematizar aquilo que parece não problematizável, é sua capacidade de transformação de temas em problemas. No caso da poesia o conhecimento possível é alcançado através da problematização da vida. Isso seria um argumento inicial para perseguir o realismo na lírica. Nesse sentido, a poesia é também uma forma de conhecimento humano.

Partimos dessa perspectiva para a leitura da poética orideana: lê-la na sua capacidade de transformação dos temas em problemas, e na sua capacidade de proporcionar o autoconhecimento humano. Essa perspectiva responde em parte à pergunta do significado da centralidade do trabalho na sua poesia.

Lukács desenvolveu largamente explicações e problematizações em torno da ação das obras de arte sobre o homem. Para Lukács,

> [...] la poesía es en el fondo una 'crítica da vida'. Esa crítica tiene diversos contenidos y modos de expresión según el arte de que se trate, el período, la nación y la clase. Pero si se quiere expresar más general de ella, se tiene esa vindicación de los derechos del hombre. (Lukács, 1972, tomo 2, p. 380)

A afirmativa vem ao encontro do que, em certo sentido, estamos buscando, e que é a própria função da poesia, de buscar "valorar" esteticamente seu efeito no ato de leitura e deleite de um poema. Ser *uma crítica da vida* significa, à primeira vista, que a poesia luta para não se tornar mercadoria e por isso seu efeito tanto é para se defender do mundo coisificado, quanto para problematizá-lo, e nisso está sua "ação" sobre o mundo. Tanto a defesa quanto a problematização do mundo aparecem no mundo do poema como um todo completo, ou um *mito uno,* como afirma Aristóteles, em sua *Poética* (1987).

Enquanto crítica, a poesia realiza um movimento que resiste à reificação da vida, à tendência do sistema atual em transformar tudo em mercadoria. Leandro Konder, em *As artes da palavra: elementos para uma poética marxista*, desenvolve a seguinte leitura sobre a poesia:

> A poesia é um movimento de resistência dos valores qualitativos. Pelo simples fato de continuar a existir, ela trava uma 'guerra de guerrilhas' contra o princípio (que nos está sendo imposto, na prática) da 'vendabilidade universal'. Com sua natural atenção às diferenças, com sua abertura para as singularidades, a poesia complica o que tem de ser complicado, relativiza o que tem de ser relativizado. E faz isso para salvar o que tem de ser salvo. (Konder, 2005, p. 17)

Já dissemos anteriormente que a poesia orideana se realiza na tensão de sua existência, na decisão de se fazer ou não poesia, que é a fatura de sua poesia. Veremos isso mais claramente na leitura da poesia "Fala", onde a poeta versa sobre a dureza da palavra, sobre a quase impossibilidade do *dizer*. Mas que aparece dizendo no momento mesmo quando se realiza como poesia, como arte.

Passamos por agora à leitura do poema "Fala", do livro *Transposição*, de 1969.

Fala

Tudo
será difícil de dizer:
a palavra real
nunca é suave.

Tudo será duro:
luz impiedosa
excessiva vivência
consciência demais do ser.

Tudo será
capaz de ferir. Será
agressivamente real.
Tão real que nos despedaça.

Não há piedade nos signos
e nem no amor: o ser

é excessivamente lúcido
e a palavra é densa e nos fere.

(Toda palavra é crueldade)
(Fontela, 2006, p. 31)

Qual deve ser a "porta" de entrada deste poema? Seu pessimismo exacerbado ou sua excessiva lucidez? Estamos diante de uma poesia bem armada, em que o trabalho não aparece ao primeiro olhar. Aparece-nos algo de *excessivamente lúcido, agressivamente real,* onde a impossibilidade do mundo, do mundo humano, se assim podemos dizer, já que a condição real do ser não é uma condição muito diferente da exposição do poema, aparece como algo fatal, irreversível. No entanto, como vimos anteriormente, e como afirma Pilati (2011), em seu artigo "Consciência lírica e trabalho na poesia de Orides Fontela", o "arranjo poético extraído do choque de contrários" (p. 7) é o núcleo fundamental por onde emerge a capacidade lúcida da poesia orideana, e é chave interpretativa do poema.

Podemos pensar: por que fazer poesia se *tudo será difícil de dizer*? Eis aí a exibição dilacerada (e lúcida) da poesia orideana, o dar a ver os limites e também as possibilidades do trabalho poético. Neste caso, "fala" e "palavra" parecem formas opostas, e o são em certo sentido, mas não exatamente no mundo externo ao poema e, sim, na sua estruturação interna.

A teia de "Fala" foi armada para deixar exposta a quase impossibilidade do fazer poético, por isso o trabalho aqui serve de argamassa para a construção do poema, sem ele não se poderia estruturar a oposição que há entre fala e palavra, que, como já foi dito, não forma polos rigidamente opostos, pois se constituem mutuamente. No entanto, no poema, essa associação aparece problematizada, já que seu tema é a linguagem, mas sua forma é o limite do trabalho da artista. Por isso, o dilaceramento de que *tudo será difícil de dizer* é suplantado ao mesmo tempo que é dito. Nesse sentido a poesia encontra sua justificativa; encontra sua forma de protesto, de palavra para o leitor, e encontra nela mesma o seu porto, a possibilidade de existir mesmo quando *tudo será capaz de ferir.*

Notemos que o que a poesia promete é um *jogo* contra si mesma, contra sua própria realização, porque, uma vez que *toda a palavra é crueldade,* a construção poética, ao mesmo tempo que se afirma como necessária, mostra-se *crueldade.* Assim o jogo está em construir desconstruindo, afirmar negando, ou seja, pondo os contrários dentro de um mesmo sistema, dentro de uma mesma formulação estética para que deem movimento ao poema.

O alto refinamento estético de "Fala" não se restringe à perspectiva da poesia pura, já que a seleção estética operada pela autora é uma seleção em sentido contrário, em que a poeta não escolhe suas palavras em meio a um leque de possibilidades, mas trabalha com aquilo que lhe restou, e o que lhe restou resulta numa forma poética curta, *impetuosa,* e também fragmentária. Dizer que é fragmentária a forma poética de Orides não significa reduzir seu refinamento e sua aproximação com a beleza e a eficácia da poesia moderna, ao contrário, coloca-a num patamar especial da produção poética nacional. Fragmentar, no caso de Orides, não é somente uma opção estética, mas uma condição real de existência da sua poesia é o fator externo à sua poesia limitando sua construção. E a poeta, em vez de tentar fugir disso e correr o risco de cair na abundância de palavras, deixa-se contaminar pela fragmentação para buscar a multiplicidade de significados, ampliando assim a possibilidade de significação da sua poesia no todo único do poema.

A fragmentação nos remete novamente ao problema da arte realista, à questão do realismo. Muitos autores se debruçaram sobre esse problema e deram a ele inúmeras designações. Engels, por exemplo, afirma que uma obra é realista quando reproduz “caracteres típicos em circunstâncias típicas” (Marx; Engels, 2010, p. 67). Mas o que significa pensar o realismo hoje (ainda mais na poesia), quando a captação da totalidade parece impossível?

Em Orides, e em outros autores atuais, a fragmentação é algo constante, que não deve ser escamoteado ou deixado de lado. Orides não ignora o caráter de fragmentação da sua matéria poética, tentando disfarçá-lo ou escondê-lo, por isso os traços realistas que sua poesia apresenta aparecem pelo trato com a realidade de forma lúcida e não de forma amena.

Antes que esta leitura percorra caminhos não guiados pela poesia, lembremos o que diz Candido no prefácio ao livro *Alba*, de 1983: “Orides entronca na tradição do poema curto e virtualmente fragmentário, mas trabalhando com o senso da concorrência de recursos, para chegar à multiplicação do significado” (Candido, 1983, p. 6).

O poema “Fala” carrega a característica sublinhada por Candido no sentido de ser um poema que oferece inúmeras interpretações, e é verdade que muitas poderiam extrapolar o universo do poema, mas isso não oferece nada de danoso a ele, ao contrário, lhe dá legitimidade estética, porque, por intermédio da leitura, em certo grau cuidadosa, pode-se chegar ao fato da dureza da vida, da impossibilidade humana de dizer a palavra, ao fato de os *signos serem impiedosos*.

A sua aparente inverossimilhança torna-se verossímil na medida em que o poema encontra sua força na exibição dos contrários. Assim, os contrários em “Fala” não se tornam mera dicotomia estanque, já que sua contrariedade é oferecida de modo estético, não como aparece na superfície da realidade, e, sim, como se articulam nas camadas mais estruturais e profundas da vida social.

Notemos que, se *a palavra é densa e nos fere*, então, devemos ter cuidado ao proferi-la, devemos notar que os signos evoluíram e são carregados de outros significados diferentes daqueles que os originaram. Orides faz isso sem que, no entanto, precise negar a palavra, faz no sentido de dar a ver um universo, ou uma atmosfera carregada e regida por uma força que independe da vontade humana, que é parte da própria realidade, e assim o poema encontra sua força novamente: o fato de dizer a crueldade sem que isso gere um conformismo, pois é nos contrários que o movimento se faz.

Nota-se que, em "Fala", os contrários são articulados de forma enigmática, já que não há apenas uma luta temática de contrários no poema; os contrários surgem da tentativa de dizer algo negando que possa ser dito. Orides recoloca aqui algo marcante em sua poesia, a instituição de um jogo. Podemos lembrar "Ludismo" e também "Esfinge", de *Rosácea*, de 1986. Esse último é um poema curto, denso e enigmático: *Não há perguntas./ Selvagem/ o silêncio cresce, difícil.* A mesma densidade e dureza de "Fala" estão novamente figuradas em "Esfinge", mas de modo bem mais condensado; assim, fica para o leitor a tentativa de adivinhar o que a artista está querendo dizer, sem que seja necessária a adivinhação, já que o que quer ser dito está no poema.

Em "Esfinge", o que guia a construção é o "silêncio", por isso as palavras são parcas, pois reduzem estruturalmente a figuração e oferecem a ampliação na medida em que percebemos que o *silêncio cresce*. Nesse sentido, o verbo cumpre papel central, não fosse ele, teríamos um poema pobre de significados e figurações.

Voltando à "Fala" e ao seu caráter enigmático, notamos mais claramente o trabalho da poeta no seu dilaceramento, no real sentido de que *tudo será difícil de dizer* e que para dizer "tudo" é preciso condensar, e para isso o trabalho com as palavras, o seu ordenamento, é imprescindível. No fundo, a artista procura dizer em poucas palavras o máximo de significado, e o significado para esta poesia são justamente os *liames e limites do trabalho estético*. De outra parte, buscando o essencial da vida, se chega à dureza dela mesma, em que *tudo será duro*, pois, descobrir a verdadeira essência, pela arte, e neste caso pela poesia, não é um trabalho fácil.

Assim, o que Orides realiza em sua poesia parece se aproximar daquilo que Lukács desenvolve quanto à dialética de essência e aparência, mas Orides o faz como arte, como poesia, e não somente como reflexo condicionado da vida cotidiana. Diz Lukács, na "Introdução aos escritos estéticos de Marx e Engels" (2010), que essência e aparência não formam pares contraditórios, estão unidos, mas não são a mesma coisa, compõem um mesmo fenômeno: "a autêntica dialética de essência e fenômeno se baseia no fato de que ambos são igualmente momentos da realidade objetiva, produzidos pela realidade e não pela consciência humana" (Lukács, 2010, p. 26).

O poema se deixa contaminar pela realidade ao ponto de transfigurar o que está nela mesma. O que o poema faz é "tornar sensível a essência" (p. 28).

Orides traz para dentro de seu poema a *incomunicabilidade* do mundo moderno. Já dissemos anteriormente que "Fala" versa contra o que possibilita a poesia, o fato da comunicação, mas que, no entanto, o poema existe como linguagem, como comunicação. Há em "Fala" uma crítica ao mundo coisificado, que se mostra como uma impossibilidade, o poema encara o mundo da incomunicabilidade para comunicar; vale dizer ainda que o poema usa o mundo como forma e como conteúdo, afasta-se dele e retorna a ele transfigurado, de modo que isso agora pode ser visto através da construção estética realizada pela poeta.

Isso implica no fato de que a obra de arte necessita de uma relativa autonomia em relação ao mundo, do contrário não pode se firmar como arte:

> A obra se afasta do mundo e, se não o fizer, não conseguirá se construir como obra de arte. Contudo, a dialética consiste em que, embora se afaste do mundo, a obra o traz em si. Literatura e mundo (ou sociedade, para sermos mais concretos) são polos opostos de uma relação dialética. (Bastos, 2011, p. 14)

Trata-se de reconhecer a relação entre arte e vida não como mera reprodução, no caso da arte em relação à vida, mas como a relação tensa de pares dialéticos, onde podemos ver ambos um dentro do outro, se a construção estética for realista.

A relação dialética entre literatura e mundo se revela pelo trabalho artístico que, à semelhança do trabalho em geral, também tem sua finalidade ou teleologia, porém, a especificidade do trabalho estético é que, nele, as finalidades imediatas e as necessidades prementes do momento são temporariamente suspensas; o que mostra o interesse humano pelo poético, pela recriação artística do mundo, que aparece como um mundo outro, mas que é capaz de dar a ver a realidade e suas contradições de modo mais vivo e profundo.

Nesse sentido, o trabalho que aparece em Orides é um trabalho de tipo diferente, poético, mas que possui base ontológica, e por isso não está imune às marcas dessa atividade humana criativa.

A poesia de Carlos Drummond de Andrade soube como usar o mundo como seu *arquivo*, tirando dele a sua poética, Orides, pelo que estamos vendo, também. Mas há entre ambos uma diferença fundamental: podemos dizer que Drummond foi o poeta da 1ª pessoa, enquanto Orides cria e recria a impessoalidade, o descompromisso com o "eu". Mesmo assim, o mundo criado por ela não é estranho a ela.

"Fala" não é estranho à sua poeta, é transfigurado, mas não estranho. Assim como nos reconhecemos no poema, a ponto de pensarmos que aquilo de que ele "fala" também é problema nosso, é problema do gênero humano, do qual fazemos parte, a poeta reconhece-se nele e assim seu mundo "outro" criado não lhe é estranho, é mais lúcido, mais dilacerado.

Como já dissemos, não há na poesia orideana, como marca geral, uma presença expressa do *eu lírico*. Esse pode ser um traço fundamental para abordarmos a questão do trabalho em sua poesia. A forma orideana é, na maioria das vezes, impessoal, não se tem aquele sujeito poético que entra, olha o ambiente, expressa sentimentos de dor, nostalgia etc., na sua poesia há uma força externa ao poema, que lhe confere dureza, mas ao mesmo tempo, a possibilidade de dizer o que lhe for conveniente. "Fala" é um exemplo disso, em que o trabalho se torna a força constante que organiza tudo dentro da poesia. Assim, o caráter ontológico[1] de sua poesia nos aparece como constante e inevitável, já que seu discurso é organizado por ele, e não por um eu lírico expresso.

O que aponta para uma aproximação maior com o "eu" em "Fala" é o pronome "nos", que é ao mesmo tempo a "mão" da poeta, que monta e orquestra a trama, mas também é o pronome que expressa uma coletividade, exigido pelo próprio poema, assim ele é *verossímil* dentro da construção, pois condensa questões latentes na cotidianidade ao passo que é construção estética.

Mesmo assim há um afastamento de algo recorrente na poesia moderna: "a lírica é um gênero literário que mantém e exacerba sua ligação com a centralidade do sujeito poetante" (Berardinelli, 2007, p. 17). Essa diferença em "Fala" é fecunda e não diminutiva do ponto de vista estético, pois anuncia em primeira instância o que já vimos defendendo

---

1 Do grego *ontos*, ente e *logoi*, ciência – é o conhecimento e estudo do ser.

ao longo deste trabalho, a problematização do fazer poético, mas também pode anunciar uma mudança de perspectiva em relação à construção da poesia moderna. Se isso fosse verificado apenas no poema em questão, poderíamos pensar que é algo específico deste, o que não é verdadeiro. É possível verificar isso no conjunto de sua obra, o que não quer dizer que não existam poemas em que o "eu" poetante esteja na centralidade. Novamente podemos pensar em realismo, já que há um esforço de transfiguração do mundo pela impessoalidade.

Dizer se uma obra é ou não realista é sempre algo muito complicado, pois, por um lado, corre-se o risco de resvalar nos rótulos, algo sempre tão generalizante ao ponto de fechar as possibilidades da própria obra; por outro lado, se tem a tendência de valorar a obra de forma maniqueísta, realismo é bom e o contrário é ruim, e que quando não é realismo de nada vale.

Nomear "Fala" como obra realista trata-se de reconhecer o grande valor estético do poema, do mesmo modo como Lukács se referiu a *toda grande arte como realista*. No entanto, nossa busca se diferencia quando pensamos numa poesia do final dos anos 1960 no Brasil.

Mesmo assim podemos dizer que "Fala" é um poema realista por sua capacidade de criar outro mundo que não é estranho à poeta e nem ao leitor, ambos se reconhecem nele, nos seus problemas e nas suas possibilidades. E por este motivo apenas pode-se conferir ao poema o valor estético que dele emerge.

A dureza do mundo vem pra dentro do poema de Orides de forma clarividente que nos parece casual, ou mesmo lógica. Em outro poema de mesmo nome, mas do último livro da autora, *Teia* (1996), o eu lírico aparece expressamente para dizer, enfim, do que fala o poema. Mesmo assim a dureza e a lucidez não são apagadas, são transpostas e evidenciadas. Façamos uma leitura, pois, apesar de não haver indicação na fortuna crítica, o poema sugere um fechamento do primeiro "Fala", e a centralidade na subjetividade aparece com mais clareza.

Fala

Falo de agrestes
pássaros de sóis
que não se apagam
de inamovíveis
pedras

de sangue
vivo de estrelas

Falo do que impede
o sono.
(Fontela, 2006, p. 276).

Na verdade, há uma relativa clareza nos versos deste outro poema de mesmo título, "Fala". O caráter enigmático constante em Orides é, mesmo ao final de sua obra, temário fecundo da sua impessoalidade. Notamos com evidência o Eu no poema, no entanto o giro da construção evidencia coisas independentes da vontade humana e da vontade da poeta.

A primeira é a natureza transposta para dentro do poema independente da vontade do homem: "sóis que não se apagam", "estrelas que não cessam". E ambos os versos possuem relação complementar, pois, pensando nas imagens, elas sugerem coisas bastante semelhantes, e isso é a voz do poema em 3ª pessoa chamando a atenção do leitor para ele enquanto arte.

Mas a poeta não se deixa dominar pelo que pode ser independente da arte, pois as duas imagens estão entrelaçadas pela *mão* da poeta e, assim, foram desmanchadas para tornarem-se natureza viva, pulsante, até mais próxima do homem pela via artística. Essas "estrelas" e esses "sóis" podem agora ser tocados pela mão do homem depois que foram tocados pela mão da poeta. No entanto, o saldo do poema não é esse: seu saldo diz respeito ao fato de falar novamente da quase impossibilidade da palavra, pois as coisas são secas e sem rodeios.

O poema é de uma dureza ímpar, por outro lado possui uma suavidade encantadora. Essa suavidade pode ser encontrada no fato de que ele fala de coisas vivas, algumas eternas, outras perenes. Ou seja, temos uma guinada em relação ao "primeiro" "Fala", em que "toda palavra é crueldade", temos um movimento de conservação e superação de um em relação ao outro. Isso não quer dizer que não exista suavidade no "primeiro" "Fala", há por outra via: a via estética; neste outro, isso é alcançado pela via estética em relação mais próxima das coisas vivas oriundas da realidade. Apesar de falar "do que impede o sono" vemos que "sangue vivo" nos proporciona encantamento, esperança e também crueldade. Assim, a relação entre os dois poemas torna-se mais evidente. Podemos dizer que aqui a poeta está em constante recriação pelo seu trabalho poético.

Ao leitor pode parecer uma grande descoberta buscar relação entre dois poemas de Orides. Orides repete muitas vezes em sua obra nomes de poemas. Uma leitura mais cuidadosa e demorada pode apontar que esses poemas possuem relação, se complementam, ou não. Do ponto de vista de ordenamento poético, "Fala" significa um marco na sua obra, um farol em meio à turbulência e imparcialidade das ondas de sua poesia.

A "luz impiedosa" do primeiro é evidenciada neste outro pelo trabalho com as estrelas e o sol, que não "cessam". A "consciência demais do ser" como primeira elaboração é em parte respondida nesta segunda por sabermos que a poeta fala "do sangue vivo", suavidade e crueldade estão formando a oposição evidente em ambos os poemas. O "agressivamente real" é mantido para ser revelado como algo duro, como algo cruel em contraponto com a própria existência da arte.

Orides tem fascinação pela realidade e por aquilo que é excessivamente real. A sua poesia aponta um pragmatismo impróprio da linguagem poética, e ela faz uso desse pragmatismo com uma lucidez exuberante, pois não deixa que seus poemas sejam cópias mecânicas da realidade. O primeiro "Fala" é quase um protesto, é uma denúncia da não "piedade dos signos". O pragmatismo é muito bem usado, pois não se pode encontrar uma formulação semelhante em outras áreas da vida. Não existe em Orides um pragmatismo científico, mas sim um pragmatismo poético, que é justamente o trabalho de limpeza, de enxugamento e economia feito no material temático para que sobre somente o essencial.

Finalmente, em "Fala" a voz organizadora se deixa contaminar, no bom sentido, por uma vertente de tradição do *eu lírico*, aquela vertente que, ao usar essa característica marcante da lírica, o faz com a capacidade de transformá-la num *eu* universal, no sentido de que aqueles sentimentos depositados na individualidade se amplificam ao ponto de serem gerais, ao ponto de se identificarem com o *eu* como gênero.

Ao final do primeiro poema "Fala" temos a primeira pessoa no plural, que salta da construção dos versos: "a palavra é densa e nos fere". Nesse ponto já é impossível que toda a crueldade exposta na poesia seja apenas para aqueles fora da poesia. Nesse sentido a autora se deixa levar, não só por uma força da tradição, que é benéfica nesse caso, mas se torna quase impossível que esteja fora de um alvo construído pelo poema.

Temos a impressão de que o poema se encerra aí quando surge a aproximação com o ser construtor da poesia, no entanto, o poema se fecha novamente na impessoalidade, e, entre parênteses: "toda palavra é crueldade", que é ditado novamente por uma voz que parece estar fora da construção, mas que está dentro dessa impossibilidade versada pela poesia. E, como se não bastasse a construção sucinta da obra, ela nos reserva outro resumo para o final, que é o condensar as quatro estrofes anteriores numa assertiva isolada e destacada.

Assim finda "Fala", com versos armados e independentes, como se fossem pensamentos soltos, mas que se completam, se complementam e se identificam.

A dureza da construção de "Fala" segue no próximo poema proposto para nossa leitura. "Torres" é um poema da segunda parte do livro *Transposição*, de 1969. Trata-se de um poema brevíssimo, composto por quatro versos e, diferentemente de "Fala", "Torres" se ergue sobre a verbalização do real, e como fato marcante, a tensão entre a existência e ausência do *eu lírico*, que ora exibe-se de forma evidente, ora parece não existir. Vamos à leitura.

> **Torres**
>
> Construir torres abstratas
> porém a luta é real. Sobre a luta
> nossa visão se constrói. O real
> nos doerá para sempre.
> (Fontela, 2006, p. 37).

Trata-se de um poema nuclear, em que as chaves estão na exibição e ofuscamento do *eu* poetante, a mão da poeta, e no uso dos verbos para dar movimentação à construção. E é justamente de uma construção de que trata o poema. Novamente temos um material temático real armado com as possibilidades do fazer artístico. A primeira pessoa aparece com evidência, contudo é a primeira pessoa do plural, o que denota certa visão otimista e coletiva, e também impessoal, como vimos em "Fala".

A tensão está na relação arte e vida: "construir torres abstratas" no seu tensionamento com "porém a luta é real" sugere a marca da poesia orideana que estamos verificando, que é de dar a ver o labor da construção poética. Trata-se de uma relação quase direta entre os dois versos, em que a abstração aparece como forma poética reorganizadora de uma nova realidade, atribuindo outro sentido antes não possível na realidade. Ao mesmo tempo que a poesia se afirma como trabalho humano e poético, volta-se novamente para a dureza do fazer concreto e material, o que não quer dizer que ela mesma (a poesia) não é trabalho concreto.

O *eu* inquieta-se com o tensionamento a ponto de se jogar para um "nós" fazendo sua construção se tornar protesto, tornar-se grito em meio a um emaranhado de questões que a poesia teria de dar conta. Assim o poema traz para dentro de si problemas mundanos ontológicos por assim dizer: *o homem modifica a natureza à medida que se modifica também*, pois "sobre a luta a nossa visão se constrói". É dessa forma que o poema torna questões ontológicas do trabalho como seu tema, no entanto o poema não se contenta em somente dizer de outro jeito (o poético) aquilo que conhecemos por outras vias, pois ele se tornou o próprio "objeto" dessa questão, ou seja, o próprio poema se construiu no ato mesmo de sua feitura. Por isso o ser (apesar de não estar explicitamente na construção) aparece como tema central, um ser poetante e um ser mundano que se fundem para se tornarem arte e assim retornarem à vida transfigurados, como produtos do trabalho estético.

Nesse formato é que a poesia de Orides se afirma como trabalho não reificado, pois chega, através do "jogo instituído" de palavras, de signos, ao que poderíamos dizer como algo caro à própria vida, em que o "real nos doerá para sempre". Neste momento o poema se encontra com o seu oposto, e que é de onde ele saiu, para assim não resolver a problemática, mas dilacerá-la. Mas, "o real nos doerá para sempre" também aparece no poema como forma de autoconsciência, transformando um possível pessimismo em seu contrário. Então o poema também é autocrítica de si mesmo, lançando-se ao mundo como forma de autoconhecimento, assim denotando certa perspectiva, certa possibilidade, certo otimismo. Ou seja, o fato de o real doer para sempre também é um ato contra a reificação.

Nesse jogo há também a personalidade da poeta, conforme verificamos em parte de sua história: um descontentamento com a vida, ou seja, Orides oscilava entre gostar e não gostar de viver. Nessa perspectiva, a poeta encontra (não somente ela) a possibilidade de canto coletivo como anúncio dos problemas reais. Ou seja, a vida num mundo extremamente reificado num período da vida nacional bastante conturbado. Assim o poema consegue se afirmar como universal, pois, compreendendo dessa forma, chega-se à possibilidade de dizer que isso, que o fato de o "real nos doer para sempre", não é só problema do *eu* poetante, mas uma questão genérica; é uma questão universal na qual qualquer ser humano pode se incluir.

Estamos vendo que o poema é nuclear. Detalhando-se o poema, chega-se a três ideias principais: a construção de alguma coisa, das "torres abstratas", como está literalmente no poema, e essa construção não é algo simples; sobre esse mesmo trabalho vamos nos formando, ou seja, sobre essa construção vai (o poema e própria consciência) se moldando mutuamente com ela; e a fatura, que é próprio objeto do trabalho e que será dura para sempre.

Essas três ideias são armadas para seguirem num crescendo até se chegar a um produto final, e esse produto final foi visualizado antes mesmo de estar pronto, pois o poema não começa da nada; começa justamente no trabalho que é condensado pelo verbo "construir" conjugado no infinitivo. "O real doerá para sempre" já vem anunciado no segundo verso, que é o contraponto de que esse trabalho não é algo fácil, ou um dado da realidade.

Então, mesmo quando Orides parece deixar o *eu lírico* ganhar força desfaz essa centralidade do eu lírico em meio a uma construção impessoal. Nesse caso a construção começa antes da existência de alguém que a organize, que a inicie, para somente depois dar lugar à voz coletiva que emana da poesia.

É quase lógico que o produto final pensado pela poeta é o poema, o seu esforço de mimetização. O que não é lógico é o fato de que esse produto final deve se manter umbilicalmente ligado ao fator externo, mesmo que não o seja diretamente. Assim temos uma construção estética que se desdobra em duas vias: o próprio poema e sua relação com o mundo, com o qual, ao final, forma uma coisa só, pois ambos partem da ideia geral que é o trabalho.

É importante dizer também que logo no início do poema nos deparamos com uma espécie de síntese daquilo que estamos apontando: "torres abstratas". E isso já vem anunciado no título do poema. Essa síntese é simples, mas é difícil chegar a ela, pois "torres" sugere algo bastante material, e o poema começa por aí, todavia "abstratas" nos leva a formar uma imagem confusa, ou se poderia dizer, difusa, pois é difícil imaginar essas "torres abstratas" a que o poema se refere. Isso é um esforço de composição de uma poesia *impetuosa* que foge do lógico, buscando, através dele mesmo, composições que desafiam a capacidade de imaginação do leitor.

Antonio Candido lendo a poesia de Carlos Drummond faz a seguinte pergunta: *terá o artista o direito de impor aos outros a sua emoção, os pormenores da sua vida?* (Candido, 2004, p. 72). Antonio Candido analisa como o dilaceramento do *eu* em Drummond tornou possível a realização estética da obra desse autor. A essa questão Candido responde que, para o poeta, a sociedade oferece obstáculos para a realização e a plenitude dos sentimentos, por isso Drummond recriou o *eu lírico*, pois os sentimentos expressos nesse *eu* transfiguram-se para tornarem-se universais.

Está claro, a esta altura, que no caso de Orides a inquietação se volta para o seu trabalho com as palavras, com a poesia, pois a tentativa é de falar sobre a construção dos símbolos, que sempre são abstratos e totalizadores.

Tamanha é a inquietação orideana com a dor que ela sempre permanece (nos casos de "Torres" e "Fala") ao final da poesia, e mais, perpassa toda a construção. É como se a dor fosse o elemento que a liga com o real, que a mantém ligada ao concreto.

Mesmo em "Torres", em que o ser parece desaparecer, pois não há referência direta a ele, é sobre ele, ou por ele, a construção das torres. Nesse ponto é que o *eu* se pluraliza, tornando-se coletivo e também se dissolve, porque, afinal de contas, seu desejo é dizer como o movimento de construção do ser se faz, na relação entre a abstração causada pelo concreto e a influência dessa abstração sobre o concreto.

Novamente aqui temos o fator teleológico num duplo sentido de atuação, que é o momento em que aparece, na imaginação da construção das "torres", e no seu momento de transformação, porque depois das "torres" feitas a visão é outra, ou se modifica.

No último poema de nossa leitura vemos uma construção que indica uma continuidade da discussão sobre o ser e as formas. Uma construção que é inclusive mais direta do ponto de vista da associação com o que é humano, em que temos as *mãos* se metendo na terra pra transformá-la, para trabalhá-la, para modificá-la. No entanto, fica um pouco mais evidente a busca por uma totalidade que não se faz por si mesma. Vamos realizar a leitura.

Mãos

Com as mãos nuas
lavrar o campo:

as mãos se ferindo
nos seres, arestas
da subjacente unidade

as mãos desenterrando
luzes fragmentos
do anterior espelho

Com as mãos nuas
lavrar o campo:

desnudar a estrela essencial
sem ter piedade do sangue.
(Fontela, 2006, p. 20)

Nesse poema, Orides cria uma imagem de trabalho com uma parte do corpo humano, as mãos, para realizar duas construções dentro do poema.

A primeira construção diz respeito ao primeiro esforço do trabalho que é o contato, o teste, a experiência. Essas *mãos* ainda estão tateando algo, tentando achar algo oculto que não se sabe direito o que é, e tentando cortar coisas que estão sobrando; aparando *arestas*.

E já nessa primeira parte temos essas *mãos* descobrindo algo, ou *desenterrando* uma espécie de matéria-prima, ou um material primário, que é o que será preciso que seja trabalho, remodelado e que está disponível para ser trabalhado.

Na segunda já temos o produto do seu trabalho, em que a poeta acha algo, que a essa altura pode ser a tal *estrela essencial.*

Há uma divisão entre as duas partes feita pela mesma construção: *com as mãos nuas lavrar o campo.* Esse verso segura o poema preso à vida, não o deixa viajar por lugares que possivelmente elevariam a poesia a um plano tão abstrato que se perderia antes de se realizar como arte.

Sua fascinação com o trabalho a leva novamente aqui a uma dureza, a uma crueldade a ponto de tornar os versos de "Mãos" bastante duros e secos. *As mãos se ferindo* [...], e ao final, *sem ter piedade do sangue* apontam pra essa crueldade. Não há em "Mãos" um traço que seja de suavidade, os versos são bastante pesados.

Esse poema é novamente o esforço artístico se utilizando de elementos não artísticos para criar um todo, ou seja, há um trabalho que constrói seu produto, independentemente do seu gênero. O produto se faz ao final do poema, sem dúvida é a busca dessa *estrela essencial* o que persegue a construção.

Pelo trabalho novamente a inquietação orideana se sobressai e aponta para uma compreensão mais precisa de sua inquietude com o ser. Ajuda-nos no entendimento desse poema uma frase de Lukács:

> No trabalho, o homem toma um pedaço da natureza, o objeto do trabalho, e o arranca de sua conexão natural, o submete a um tratamento pelo qual as leis naturais se aproveitam teleologicamente numa humana posição de fins. (Lukács, 1978 *apud* Frederico, 2013, p. 121)

Há nesse poema algo parecido com o que acabamos de citar: a poeta toma um pedaço da natureza, tendo já definido seu objeto ou instrumento de trabalho, tira-o de sua *conexão natural,* submete-o a um tratamento específico, chega a um produto final, que fora, possivelmente, ideado antes de se materializar.

Vemos, então, no poema de Orides que há uma opção pela ferramenta de trabalho a ser usada para *desnudar a estrela essencial.* Essa ferramenta é a mão, ou são as mãos, já que é com ambas que formamos a imagem do trabalho, e o é também pela intenção da poeta. Pois bem, Orides escolhe um tipo de instrumento de trabalho que esteja de acordo com o material a ser trabalhado. Há, portanto, uma decisão sobre qual instrumento a ser usado: poderia ser uma enxada, um arado, ou outro instrumento que é usado para mexer com a terra, com o campo. Essa decisão deve, a nosso ver, ser tomada a partir do seguinte critério: algo que seja possível em ambos os trabalhos, seja mexer com a terra, seja fazer arte.

Vemos que nesse poema o *eu lírico* não está expresso. Não há quem organize as ações dentro da trama. É possível sim associar com o ser humano, é possível ver o que está por trás da construção desse produto, mas não há no poema a materialização de um *eu*. Dessa forma, a poesia aspira à universalidade muito antes de ter que fazer com que haja aproximação com o *eu lírico;* a universalização está no fato de que é o ser genérico que pode fazer o que propõe a poesia. Em vez de uma impessoalidade distanciada, temos uma aproximação, pois nesse caso, para usar um exemplo, *mãos* são tão genéricas quanto sentimentos ou ações, que podem se universalizar dependendo da capacidade criativa do artista. Orides não quer correr esse risco, por isso a opção por algo que pode mais diretamente ser associado com o todo.

Seu trabalho nesse poema está em desocultar algo que está escondido. A teleologia não está exatamente no fato de que a poeta já sabe que ao final estará a tal *estrela essencial;* sua finalidade é a arte, a poesia. "O trabalho, como arte, é uma atividade teleológica" (Frederico, 2013, p. 122). Assim sua intenção é fazer com que a arte, como expressão do trabalho, se sobressaia, e ela tem êxito nesse intento, já que a poesia se realiza.

Novamente, como um enigma, Orides nos provoca com o verso *desnudar a estrela essencial;* sua construção se encerra com esse símbolo que é o produto acabado do seu trabalho. Mas sabemos que o produto de seu trabalho é o poema e não as partes dele como enigma.

Desnudar a estrela essencial aparece como o verso mais brando possível nessa construção, já que sua poesia é dura e expressa certa condição perversa da existência humana. É o momento em que a arte precisa aparecer, para não ficar no campo da constatação do mundo do trabalho.

Na intenção da poeta, sua busca pela totalidade, se materializa, ou pode se materializar na busca pelo que é essencial. Assim ela faz construções estéticas nucleares, no que diz respeito ao conteúdo, aos temas escolhidos, e no que diz respeito à forma de seus poemas.

"Mãos" é novamente um poema nuclear, em que o trabalho nos aparece com clareza, em primeiro plano. O poema possui também o fato enigmático que percorre boa parte de sua obra, mesmo que não seja central. Isso, para ela, é um exercício de construção, que faz também com que sua poesia se aproxime com força do abstrato, por isso a recorrência do trabalho, não só como fator central, mas como algo que mantém sua poesia agarrada à vida.

Referências

ARISTÓTELES. *Poética*. Porto: Casa da Moeda, 1987.

BASTOS, Hermenegildo e ARAÚJO, Adriana (org). *Teoria e prática da crítica literária dialética*. Brasília: Editora da UnB, 2011.

______. "As artes da ameaça: questões de método", *in: As artes da ameaça – ensaios sobre literatura e crise*. São Paulo: Outras Expressões, 2012.

BERARDINELLI, Alfonso. *Da poesia à prosa*. São Paulo: Cosac Naif, 2007.

CANDIDO, Antonio. "Inquietudes na poesia de Drummond", *in: Vários escritos*. São Paulo/Rio de Janeiro: Duas Cidades/Ouro sobre Azul, 2004.

______. Orelha do livro *Trevo, in:* FONTELA, Orides. *Trevo*. São Paulo: Claro Enigma, 1988.

______. "Prefácio", *in:* FONTELA, Orides. *Alba*. São Paulo: Roswitha Kempf, 1983.

FREDERICO, Celso. *A arte no mundo dos homens*: o itinerário de Lukács. São Paulo: Expressão Popular, 2013.

FONTELA, Orides. *Poesia Reunida*. Coleção Às de Colete, v. 12. São Paulo: Cosac Naify, 2006.

KONDER, Leandro. *As artes da palavra: elementos para uma poética marxista*. São Paulo: Boitempo, 2005.

LUKÁCS, György. *Estética I. La peculiaridad de lo estético*. Barcelona, México: Ediciones Grijalbo, 1972.

______. "Introdução aos escritos estéticos de Marx e Engels", *in:* MARX, Karl e ENGELS, Friedrich. *Cultura, arte e literatura*: textos escolhidos. Trad.: José Paulo Netto e Miguel Makoto Cavalcanti Yoshida. São Paulo: Expressão Popular, 2010, p. 11-38.

MARX, Karl e ENGELS, Friedrich. *Cultura, arte e literatura*: textos escolhidos. Trad.: José Paulo Netto e Miguel Makoto Cavalcanti Yoshida. São Paulo: Expressão Popular, 2010.

PILATI, Alexandre. "Consciência lírica e trabalho na poesia de Orides Fontela", *in: Anais do 12º Congresso Internacional da Abralic*. Curitiba: UFPR, 2011, p. 1-10. Disponível em: <http://www.abralic.org.br/anais/cong2011/AnaisOnline/resumos/TC0109-1.pdf>.

SOBRE OS AUTORES

Alexandre Simões Pilati
alexandre_pilati@yahoo.com.br
Professor adjunto de Literatura Brasileira do curso de Graduação em Letras do Departamento de Teoria Literária e Literaturas da Universidade de Brasília; professor de Literatura do Programa de Pós-graduação em Literatura e Práticas Sociais do Departamento de Teoria Literária e Literaturas da Universidade de Brasília; pesquisador do grupo de pesquisa Literatura e Modernidade Periférica; orientador de Mestrado e Doutorado. Atuou como docente e orientador do Curso de Especialização *Lato Sensu* Educação em Linguagens nas Escolas do Campo, realizado na Escola Nacional Florestan Fernandes (ENFF, SP) e ofertado pelo Programa de Pós-Graduação em Literatura da UnB em parceria com o Incra-Pronera. Possui mestrado em Literatura pela Universidade de Brasília (2002) e doutorado em Literatura pela Universidade de Brasília (2007). Linha de pesquisa: Crítica Literária Dialética. É pesquisador e professor na área de Letras, com ênfase em Literatura Brasileira, poesia, atuando principalmente nos seguintes temas: literatura brasileira, poesia brasileira, literatura e classe social, contra-hegemonia, sistema literário, formação nacional, literatura e pensamento crítico, poesia brasileira – do moderno ao contemporâneo.

Ana Laura dos Reis Corrêa
analaura@unb.br
Professora adjunta de Literatura Portuguesa do curso de Graduação em Letras do Departamento de Teoria Literária e Literaturas da Universidade de Brasília; professora de Literatura do Programa de Pós-graduação em Literatura e Práticas Sociais do Departamento de Teoria Literária e Literaturas da Universidade de Brasília; pesquisadora do grupo de pesquisa Literatura e Modernidade Periférica; orientadora de Mestrado e Doutorado; foi coordenadora do Curso de Especialização *Lato Sensu* Educação em Linguagens nas Escolas do Campo, realizado na Escola Nacional Florestan Fernandes (ENFF, SP) e ofertado pelo Programa de Pós-Graduação em Literatura da UnB em parceria com o Incra-Pronera. Atua como colaboradora na área de literatura em processos formativos dos movimentos sociais do campo desde 2005. Possui mestrado em Literatura pela Universidade de Brasília (1991) e doutorado em Literatura pela Universidade de Brasília (2004). Linha de pesquisa: Crítica Literária Dialética. Trabalha especialmente com os seguintes temas: estética marxista e atualidade do realismo (Lukács); formas estéticas e processo social; formação da literatura e do Brasil; literatura e movimentos sociais do campo.

Bernard Herman Hess
bernard@unb.br
Professor adjunto de Literatura Brasileira do curso de Graduação Licenciatura em Educação do Campo da Universidade de Brasília no *campus* da Faculdade de Planaltina (FUP – UnB). Atuou como docente, orientador e membro da equipe de coordenação política e pedagógica do Curso de Especialização *Lato Sensu* Educação em Linguagens nas Escolas do Campo, realizado na Escola Nacional Florestan Fernandes (ENFF, SP) e ofertado pelo Programa de Pós-Graduação

em Literatura da UnB em parceria com o Incra-Pronera. É pesquisador do grupo de pesquisa Literatura e modernidade periférica. Possui mestrado em Literatura pela Universidade de Federal de Goiás (2000) e doutorado em Literatura pela Universidade de Brasília (2006). Linha de pesquisa: Crítica da história literária; Estética e política na perspectiva da dialética local e universal. Atua principalmente nos seguintes temas: crítica literária, literatura, ontologia, dialética e estética. Atualmente vem se dedicando à tradução de textos em alemão de György Lukács.

Daniele dos Santos Rosa
danysr@gmail.com
É professora de Língua Portuguesa e Literatura Brasileira no Instituto Federal de Brasília (IFB). Doutora em Literatura Latino-americana e mestre em Literatura Brasileira, pela Universidade de Brasília. É especialista em História Cultural e graduada em Letras por esta mesma instituição. É pesquisadora do grupo Literatura e modernidade periférica. Atuou como docente e orientadora do Curso de Especialização *Lato Sensu* Educação em Linguagens nas Escolas do Campo, realizado na Escola Nacional Florestan Fernandes (ENFF, SP) e ofertado pelo Programa de Pós-Graduação em Literatura da UnB em parceria com o Incra-Pronera. Atualmente, realiza pesquisas com ênfase em Literatura latino-americana.

Deane Maria Fonsêca de Castro e Costa
deane.costa@gmail.com
Possui graduação em Letras, especialização em Metodologia do Ensino Superior, mestrado em Educação pela Universidade Federal do Maranhão e doutorado em Literatura pela Universidade de Brasília (2004). Foi professora da Universidade Estadual do Maranhão e da Universidade Federal do Maranhão. Atualmente é professora adjunta com dedicação

exclusiva da Universidade de Brasília. Atua na Graduação em Letras e no Programa de Pós-Graduação em Literatura e Práticas Sociais do Departamento de Teoria Literária e Literatura, integrando a linha de pesquisa Crítica Literária Dialética. Foi professora da área de Linguagens do Curso de Literatura em Educação do Campo da Universidade de Brasília. É pesquisadora do Grupo de pesquisa Literatura e Modernidade Periférica e coordenadora do Grupo de pesquisa Forma Estética, Processo Social e Educação do Campo, atuando nas linhas de pesquisa Formas estéticas e processo social: formação da literatura e do Brasil; Produção do conhecimento em linguagens artísticas e processos formativos dos educadores do campo. Seu trabalho e produção prática e científica têm abrangido os seguintes temas, entre outros: literatura e sociedade; crítica histórica e dialética da Literatura; formação da literatura e formação da nação; estética e educação do campo; literatura e formação do educador; mediações da forma estética e do processo social. Atuou na coordenação, orientação e docência no Curso de Especialização *Lato Sensu* Educação em Linguagens nas escolas do campo, realizado pelo Programa de Pós-Graduação em Literatura do Departamento de Teoria Literária e Literaturas da UnB, em cooperação com o Incra.

Maria Aparecida Fonte Gomes (Cida Gomes)
cida.fonte@hotmail.com
Nasceu em 12 de janeiro de 1951 em Pinheiral estado do Rio de Janeiro. É a quarta filha dos seis filhos do casal de agricultores Luís Batista da Fonte e Odete Moura Fonte. Alfabetizada aos nove anos de idade sua vida escolar foi vivida em etapas com espaços temporais consideráveis fora da escola. Começou a trabalhar aos 14 anos, como vendedora, profissão que exerceu até aos 44 anos. Ou seja, só então iniciou o Ensino Médio (Formação de Professores).

Após terminar o esse curso trabalhou como voluntária em projetos de alfabetização de Jovens e Adultos (EJA) na comunidade em que vive. Militante do Movimento dos Trabalhadores Rurais Sem Terra, em 2007 surgiu a oportunidade de participar do curso de Licenciatura em Educação do Campo parceria UnB/Iterra curso que concluiu no ano de 2011. Sua vida acadêmica teve continuidade com o Curso de Especialização *Lato Sensu* Educação em Linguagens nas Escolas do Campo, realizado na Escola Nacional Florestan Fernandes (ENFF, SP) e ofertado pelo Programa de Pós-Graduação em Literatura da UnB em parceria com o Incra-Pronera, tendo concluído em janeiro de 2014. Atualmente está aposentada e atua na comunidade em que vive com um grupo de teatro com seis adolescentes, além de contribuir no setor de produção do MST da Região Sul do estado do Rio de Janeiro.

Marivani da Silva Martins Adler
mari.adler@hotmail.com
É militante do MST no Rio Grande do Sul, graduou-se em Licenciatura em Educação do Campo – área de Linguagens (em 2011) pela UnB em parceria com Instituto Técnico de Capacitação e Pesquisa da Reforma Agrária (Iterra). Concluiu o curso de Especialização *Lato Sensu* Educação em Linguagens nas Escolas do Campo (2014), realizado na Escola Nacional Florestan Fernandes (ENFF, SP) e ofertado pelo Programa de Pós-Graduação em Literatura da UnB em parceria com o Incra-Pronera. Atualmente trabalha como educadora dos Anos Finais do Ensino Fundamental e Médio na Escola Estadual de Ensino Médio Joceli Corrêa que se localiza numa área de Reforma Agrária, Assentamento Rondinha, em Joia/RS.

Paulo Cesar da Costa
paulo.patrialivre@hotmail.com
É militante do MST em Santa Catarina. Concluiu o curso de Magistério no Instituto Técnico de Capacitação e Pesquisa da Reforma Agrária (Iterra). Graduou-se em Licenciatura em Educação do Campo em 2011 na área de Linguagens pela UnB em parceria com Iterra. Concluiu o mestrado em 2014 na área de literatura pelo Departamento de Teoria Literária e Literatura – TEL/UnB. Atuou como membro da equipe de coordenação política e pedagógica do Curso de Especialização *Lato Sensu* Educação em Linguagens nas Escolas do Campo, realizado na Escola Nacional Florestan Fernandes (ENFF, SP) e ofertado pelo Programa de Pós-Graduação em Literatura da UnB em parceria com o Incra-Pronera. Atualmente é professor nas escolas de assentamentos da reforma agrária no oeste de Santa Catarina.

Tiago Andrea Sottilli
tiagosottilli@gmail.com
É militante do MST no Rio Grande do Sul desde 1999, atuou na área de comunicação e cultura em nível estadual e nacional. Cursou comunicação e cultura no Ensino Médio no Instituto Técnico de Capacitação e Pesquisa da Reforma Agrária (Iterra), onde trabalhou como educador e coordenador pedagógico de 2006 a 2012. Graduou-se em Licenciatura em Educação do Campo em 2011 na área de Linguagens pela UnB em parceria com Iterra. Concluiu o mestrado em 2014 na área de literatura pelo Departamento de Teoria Literária e Literatura (TEL/UnB). No mestrado realizou pesquisa acerca da lírica e processo social. Atuou como docente, orientador e membro da equipe de coordenação política e pedagógica do Curso de Especialização *Lato Sensu* Educação em Linguagens nas Escolas do Campo, realizado na Escola Nacional Florestan Fernandes (ENFF, SP) e

ofertado pelo Programa de Pós-Graduação em Literatura da UnB em parceria com o Incra-Pronera. Atualmente é professor bolsista no Instituto Federal de Bagé/RS e coordenador pedagógico do Centro de Educação Popular e Pesquisa em Agroecologia)(Ceppa) em Candiota/RS.

Impresso por :

Graphium
gráfica e editora

Tel.:11 2769-9056